Mikael Erola, Fritz Goergen, Peter Haric,
Peter Kabel, Roland Schatz

Agenda Setter Atlas Online 2010

in Zusammenarbeit mit dem VDZ,
der Kanzlei Olswang LLP und
der Agentur Scholz & Friends Agenda

INNOVATIO Publishing Ltd.

Beirut Boston Pretoria Tianjin Zurich

Umschlag: Malte Lück

ISBN: 978-3-906501-15-4

Um die Ökonomie der Aufmerksamkeit geht es auch online von Roland Schatz

Die Besten nutzen das Internet: Harvard genauso wie die Berliner Philharmoniker. Der FC Barcelona wie die Max-Planck-Gesellschaft oder eben die FAZ. Das zeichnet das Internet ebenso aus wie die Lufthansa, in deren Maschine zur gleichen Zeit ein Bratschist der Philharmoniker wie ein Professor aus Harvard oder Lionel Messi vom FC Barcelona ihre Reise von Berlin nach Moskau bestreiten können. Es kann sein, daß sie miteinander ins Gespräch kommen, es kann aber genauso gut vorkommen, daß ihnen noch nicht einmal bewußt war, daß sie gemeinsam von A nach B reisten. So oder so wurde aus dem Harvard Professor kein begnadeter Mittelfeldvirtuose genauso wenig wie vom FAZ-Redakteur bekannt geworden wäre, daß er jetzt besser mit einem Streichinstrument umgehen kann.

Mit anderen Worten: Aus der Tatsache, daß theoretisch Milliarden online verbunden sind, ergibt sich zunächst einmal nichts außer einer Chance. Damit jedoch aus der Chance eine reale Option wird, muß Aufmerksamkeit erzeugt werden. Bestehende Leuchttürme genießen Startvorteile, weil ihre Position zumindest bekannt zu sein scheint. Das Dunkel der Nacht reduziert Wissen auf Vermutung und Hoffnung. Gute Karten, ein geeichter Kompaß und jede Menge Lebenserfahrung können aus einer vagen eine qualifizierte Vermutung machen – aber ehe das Tageslicht anbricht und das Auge den Leuchtturm erkennt, bleibt alles Vermutung.

Das Internet wird nicht nur von den Besten genutzt. Die Hoffnung auf Zugang zu Milliarden hat schon immer Menschen angelockt, die glauben, eine Abkürzung wählen zu können. Journalismus entstand vor Jahrhunderten, um den Vielen ein Leuchtturm in der komplexer werdenden Welt zu sein. Mit der Zunahme der Arbeitsteilung mußte man sich auf eine Gruppe in der Gesellschaft verlassen können, die tagein, tagaus nichts anderes tut, als das Relevante vom Nicht-Relevanten zu trennen, um den mit anderem Beschäftigten zuverlässiger Kompaß für die Unebenheiten des Alltags zu sein: bei der Beurteilung der mit Macht-Ausgestatteten, beim Kauf von A und nicht B, bei der Unterhaltung und so weiter. Wer gut war, bekam dann z.B. von Napoleon zu hören, daß seine Zeitung wirkungsvoller war als eine Armee von 10.000 Soldaten. Diese Qualität will bewahrt und gepflegt werden – ansonsten wird das Blatt mangels zahlender Leser eingestellt.

Wenn nun erstmals ein Online-Atlas vorgelegt wird, wo und wer mögliche Leuchttürme im deutschsprachigen Teil des Internets sein könnten, dann im Bewußtsein der diversen Untiefen des Unterfangens: Zunächst einmal läßt sich ‚das Internet' längst nicht mehr „definieren". Die Massen an Text, die sich allein dem deutschsprachigen Anwender anbieten, sind schon lange nicht mehr quantifizierbar. Wie sollen sie dann qualifizierbar sein?

Für dieses White Paper wurde daher eine vorsichtige Herangehensweise gewählt: Zehn verschiedene Themen aus Politik und Wirtschaft wurden im Zeitraum Januar bis August 2010 gemeinsam mit den Kollegen vom VDZ in Berlin gewählt, um zumindest für zwei Bereiche von Belang Sensoren auszuwerfen, die dabei helfen können, die Agenda Setter im Online-Bereich zu lokalisieren – ähnlich wie dies für die Medienwelt im klassischen Sinn seit 1994 aufgrund qualifizierter Medien-Inhaltsanalyse möglich ist.

Die Revolutionen in der Arabischen Welt zeigen neue Agenda-Setter

Denn die Ereignisse in Japan oder der für viele überraschend ausgebrochene Frühling im Nahen Osten zeigt: Menschen gehen in besonderen Zeiten bevorzugt zu den Nachrichten-Quellen, denen sie Vertrauen schenken. Entsprechend meldeten im ersten Quartal 2011 immer mehr Verlage schwarze Zahlen, die Online-Angebote wiesen nach dem Tsunami in Japan Rekordwerte aus und Zeitungen wie die SÜDDEUTSCHE lassen den Markt für eine weitere Sonntagszeitung testen. Auch wenn sie den Versuch erst einmal wieder aufschieben: Die Tatsache, daß die Münchner überhaupt darüber nachdenken, zeigt, wie viel Potential dem gedruckten und einordnenden Wort unverändert zugeschrieben wird.

Vieles ist in Bewegung und daher erscheint es notwendig, die Stärken und Schwächen der vielfältigen Angebote nüchtern auszuwerten, anstatt leichtfertig Erfolgsmeldungen ungeprüft nachzuplappern. Der Rücktritt von Bundespräsident Horst Köhler im Frühsommer 2010 war kaum vollzogen, schon brach eine Flut von Erklärungsversuchen los, wer diesen Entscheid ausgelöst habe. Ähnliches ist über die Revolutionen in der arabischen Welt zu lesen. Obwohl die Quote derer, die in dieser Region der Erde über einen eigenen Computer verfügen können, unverändert gering ist und jeder Besucher Ägyptens oder Bahrains zwar vieles sieht, jedoch nicht unbedingt ein Netz an Internet-Cafés, priesen sich auch hier die PR-Strategen von Facebook, Youtube und Twitter wieder als Grund für den Aufbruch an. Die Grafik der Informationsangebote zum Aufbruch in Tunis und Ägypten einerseits sowie die in diesen Beiträgen ausgewiesenen Quellen in arabischen Zeitungen, Online-Medien, TV-Nachrichten und Social Media zeigt, daß es auch in diesem Teil der Welt „die eine Quelle" nicht gibt, sondern eher die Vielfalt Auslöser für gesellschaftliche Veränderungsprozesse zu sein scheint – und nicht nur ein einziges Medium:

Grafik 1: **Umfang der Berichterstattung in MENA-Medien und internationalen TV-Nachrichten, 01.01.-18.03.2011**

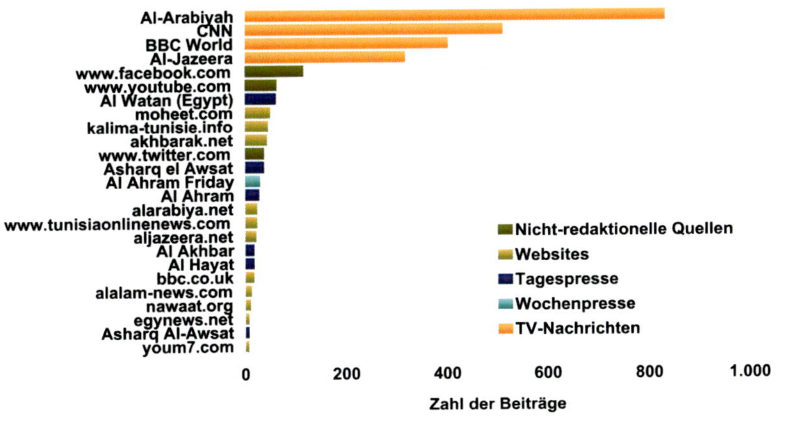

Basis: 704 Beiträge über die politischen Unruhen in der MENA-Region / 6.905 Nachrichtenbeiträge in BBC World, CNN, Al-Arabiyah, Al Jazeera

Grafik 2: **Zitierte Quellen in MENA-Medien, 01.01.-18.03.2011**

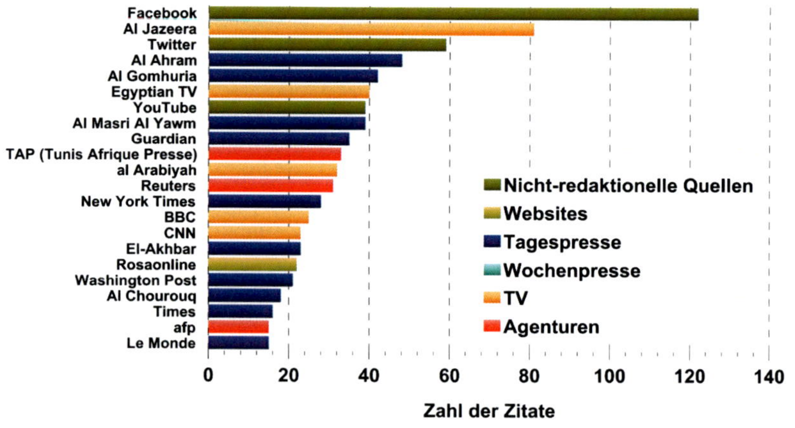

Basis: 2.086 Stellungnahmen zur Situation in der MENA-Region in 704 Beiträgen / 699 Stellungnahmen ohne Zitate

Mit dem Agenda Setter Online Atlas versuchen der VDZ und Media Tenor, gemeinsam im Dialog einen neuen Weg zu beschreiten, um herauszufinden, welche Quellen von Deutschen in deutschsprachigen Angeboten des Internets angesteuert werden, wenn sie sich zu Themen aus Politik und Wirtschaft informieren wollen. Dieser erste Versuch ist gekennzeichnet durch die bewußt vorgenommene Fokussierung auf redaktionell bearbeitete Inhalte im Internet. Diese haben erstens ein vergleichbares Content-Verständnis und zweitens zeichnen sich beide dadurch aus, für die ausgewiesenen Texte auch Verantwortung übernehmen zu wollen.

In Zeiten der globalen Vertrauenskrise erschien dies als einer der Schlüsselfaktoren, um Untersuchungen zu Fragen der Meinungsführerschaft nachhaltig konzipieren zu können. Ohne Roß und Reiter benennen zu können und von diesen auch eine justiziable Adresse zu haben, sind Menschen auf Dauer nicht bereit, sich auf Quellen einzulassen. Die Guttenberg-Debatte im ersten Quartal 2011 verdeutlichte diesen Anspruch noch einmal eindrucksvoll. Entsprechend wurden überwiegend solche Texte für die Inhaltsanalyse ausgewählt, die dem Anspruch gerecht wurden, Meinungsführer bzw. Quellen in den Debatten um diese zehn ausgewählten

Themen aus Politik und Wirtschaft untersuchen zu können. Würde themenübergreifend zumindest in einem der beiden Bereiche (Politik oder Wirtschaft) auf die gleichen Quellen verwiesen, wäre dies ein erster Indikator für Relevanz.

Wie wird Relevanz gemessen?

Relevanz in Wissenschaft oder anderen Gebieten wird seit Jahrhunderten am Ausmaß abgelesen, in dem auf einen bestehenden Text verwiesen wird. „To publish or to perish" heißt es daher seit jeher für jeden Akademiker. Wer seine Arbeiten nicht in wissenschaftlichen Journalen publiziert, wird keinen Ruf als Lehrender an irgendeine Universität erhalten. Hinzu kommt, daß einmaliger Erfolg zwar beachtet, aber nicht wirklich geschätzt wird. Nur der Professor, von dem beständig und in möglichst vielen verschiedenen Publikationen über mehr als nur ein Thema zu lesen ist, wird auf die begehrten Lehrstühle berufen. Was interdisziplinär seit Jahrhunderten für die brillantesten Köpfe im Lehrbetrieb funktioniert, wurde seit 1994 in Deutschland auch auf das Gebiet des Journalismus angewandt. Kontinuierlich erfassen die ausgebildeten und kontrollierten Analysten des Media Tenor, welches Medium über redaktionelle Inhalte verfügt, auf die die „Konkurrenz" verweist. Denn Christoph Keese hatte es schon zu seiner Zeit als Chefredakteur der FINANCIAL TIMES DEUTSCHLAND auf den Punkt gebracht: „Was die IVW Zahlen für die Kaufleute im Verlag sind, ist das Media Tenor-Ranking für die Ressortleiter in den Redaktionen."

Anfangs noch als simple „Erbsen-Zählerei" mißverstanden, realisierten Journalisten mit den Jahren, daß hier ein unbestechlicher Gradmesser für die Wahrnehmung der eigenen Rechercheleistung zumindest für die Ressorts Politik und Wirtschaft entstanden war. Entsprechend wurde bald nicht allein auf die große Zahl geachtet, sondern mehr auf die Details: Wer wurde mit welchem Thema zitiert, welche Redaktion erhielt die größte Aufmerksamkeit in welcher Branche oder auf welchem Gebiet von gesellschaftspolitischer Bedeutung. Gute Werte im Media Tenor-Ranking führten zur Bewilligung weiterer Arbeitsplätze und Recherche-Mittel, Anzeigen wurde bevorzugt dort geschaltet, wo inhaltliche Profilierung deutlich wurde.

Mit anderen Worten: Der allgemeine Abgesang auf die Medien schlechthin scheint angesichts der vielfältigen erfolgreichen Beispiele journalistischer Qualität verfrüht, vielleicht sogar im Kern falsch. Denn nicht nur in Krisen wollen die Menschen Orientierung. Es wäre nicht das erste Mal, daß beim Interpretieren von Bilanzen der Blick für das Wesentliche verloren geht. Insbesondere wer bedenkt, daß in diesem Zahlenwerk sowieso nur 30% des realen Wertes der abgebildeten Organisation erfaßt wird.

Die substantiellen Werte eines Unternehmens wie Qualität der Mitarbeiter, Reputation des Blattes oder Potenz des Archivs haben die Buchhalter weder bei Madsack noch bei Springer in ihren Spreadsheets. Nur so ist zu erklären, daß die neuen Eigentümer der LA TIMES ihren Pulitzerpreis-Träger kündigten, weil für dessen Gehalt leicht drei junge High-School Absolventen einzustellen waren. Solche Entscheide können nur Manager treffen, die glauben, anhand der 30% in einer Bilanz die Substanz einer Zeitung bewerten zu können. Wenn DER SPIEGEL oder THE ECONOMIST selbst im Krisenjahr 2009 vorexerzieren, daß allein mit dem gedruckten Wort Geld zu verdienen ist und die Anzeigen nach Aussagen des SPIEGEL Geschäftsführers die Funktion der „Sahne auf dem Kaffee“ haben – aber eben nicht Spielentscheidend sein dürfen - was heißt das dann für die Jahre danach, in denen die Wirtschaft nicht nur in Deutschland wieder anzieht und insbesondere aufgrund des massiven Fachkräftemangels Plattformen benötigt werden, wo sie diese in gewohnter Qualität erreichen können? Nur weil der Stellenteil der FAZ am Samstag nicht mehr jenseits der 50 Seiten dick ist, heißt dies doch längst nicht, daß relevante Imagebildung über die FAZ nicht mehr möglich sein soll.

„Gold ist krisensicher“ lautet die alte Banker-Binsenweisheit, die angesichts des aktuellen Preises für das Edelmetall auch 2011 ihre Bestätigung findet. Exklusive Nachrichten und Interpretationen sind die Währung für Journalisten. Wer Zugang zu diesem ‚Gold‘ hat und dies nicht nur als Einmal-Effekt, sondern als Konstante nachzuweisen vermag, ist vergleichbar krisenresistent wie De Beers oder Gold Fields. Von 2000 bis 2010 dominierte die SPIEGEL-Redaktion das Media Tenor-Zitate-Ranking. Unangefochten mit einem Vorsprung von im Schnitt über 20% aller ca. 34.000

Zitate, die pro Jahr von den 39 deutschen Meinungsführer-Medien auf exklusive Nachrichten anderer Medien in den Tageszeitungen und überregionalen Wochenmagazinen gedruckt oder in den Prime Time-Nachrichten und TV-Magazin-Sendungen von ARD bis zum ZDF ausgestrahlt werden, liegt DER SPIEGEL seit Start dieses Indizes auf Platz 1. Unter allen Online-Medien-Anbietern ist das Bild ähnlich: Lagen in den Anfangsjahren die Journalisten der NETZEITUNG noch vorn, so konnte das Team des SPIEGEL ab 2003 auch hier die Pole-Position für sich erobern und seither klar verteidigen. Trotzdem wäre es falsch, dies als unabwendbar zu interpretieren. Im ersten Quartal 2011 wurde häufiger auf Inhalte von BILD verwiesen und erstmals schafften es nicht redaktionell verantwortete Plattformen unter die Top 20 der meistzitierten Medien:

Grafik 3: **Meistzitierte Medien 1. Quartal 2010 und 1. Quartal 2011**

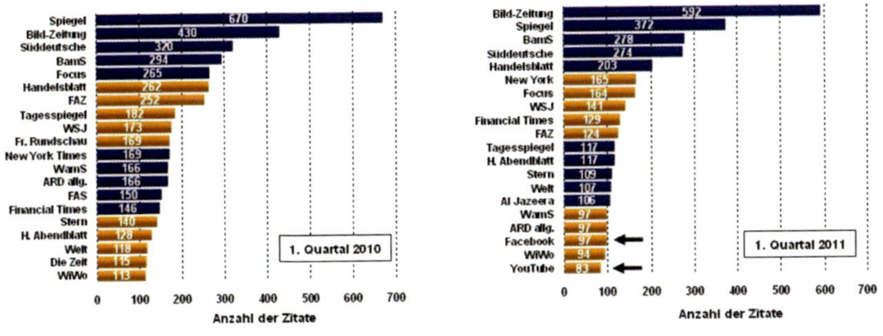

Basis: 8.220 Zitate 1.Q.2010 und 6.929 Zitate 1.Q.2011

Dennoch gilt: Die Leuchtturm-Funktion innerhalb des deutschen Journalismus während der letzten Jahre hatte in erster Linie die Redaktion des SPIEGEL inne. Das Ergebnis überrascht, haben doch andere Anbieter von Nachrichten bessere Startbedingungen. Jede Tageszeitung hat sechs Mal pro Woche die Chance, mit exklusivem Inhalt auf sich aufmerksam zu machen, die Kollegen vom Fernsehen sogar sieben Mal, während sich SPIEGEL, FOCUS, ZEIT oder WELT AM SONNTAG nur einmal die Woche die Chance bietet, mit ihrem Inhalt Wert zu schaffen. Der technische Verweis auf die strategische Position des SPIEGEL, am nachrichtenarmen Wochenende unterbesetzte Sonntagsredaktionen zum unkritischen Übernehmen leichter verleiten zu können, ist nicht wirklich überzeugend. Auch wenn die Verlegung des Erscheinungstages für die WIRTSCHAFTSWOCHE vom Donnerstag auf den Montag den Düsseldorfern teilweise bei der Aufholjagd um Aufmerksamkeit geholfen hatte. Doch auch dort galt und gilt: Stefan Baron und später Roland Tichy haben mit Texten und Interpretationen gegen den Strich die bundesweite Beachtung der Inhalte gesteigert. So wurden etwa die Zweifel am Weiter-So-Kapitalismus zuerst in der WIWO mit Studien und Interviews gedruckt, die andere dann aufgegriffen. Entsprechend hat die WIWO mittlerweile selbst die FTD im Zitate-Ranking überholt.

Andere wie Claus Strunz und Jochen Gaugele zeigten zunächst bei der BILD AM SONNTAG und derzeit beim HAMBURGER ABENDBLATT, daß vor allem der Fokus auf das Exklusive die Grundlage für Aufmerksamkeit legt. Strunz wollte die BAMS damals insbesondere für Frauen öffnen und interessierte sich deshalb vornehmlich für Themen wie Gesundheit. Entsprechenden Support gab er den jeweiligen Fachkollegen und innerhalb von neun Monaten war es gelungen, daß kein Bundesminister, kein CEO, kein anderer Experte, der auf dem Gebiet Gesundheit Neues zu verkünden hatte, damit nicht bis zum Sonntag warten wollte. Warum? Nicht, weil die eher abnehmende Anzahl von zwei Millionen BAMS-Käufern allein diese Zielgruppe der Entscheider interessiert hätte. Sondern weil bekannt war, daß man mit seiner exklusiv an BAMS gegebenen Studie oder dem Interview auch abends vorab in die TV-Nachrichten kam, über die Agenturmeldungen in Regionalzeitungen Aufmerksamkeit erzielen konnte und nicht zuletzt im relevanten Deutschlandfunk in den Nachrichten Erwähnung fand. Strunz und sein Team hatten nichts gegen das Zitiert-Werden mit Nachrichten aus BAMS-Texten z.B. um Dieter Bohlen, aber das eigentliche Interesse und Engagement galt den Frauen-Themen. Warum? Weil die rote Gruppe immer mehr Zusatz-Titel in diesem Segment am Kiosk zum Kauf anbot und sich Reputation erwerben wollte und mußte. Die Ökonomie der Aufmerksamkeit war kein Wert an sich, sondern wurde gezielt für Themenkompetenz eingesetzt.

Auch hier sei den Skeptikern der technische Verweis auf die Sonderstellung eines überregionalen Mediums, das auch noch am Sonntag nahezu ohne Konkurrenz den Nachrichtenmarkt bearbeite, am Beispiel des HAMBURGER ABENDBLATTES genommen: Strunz und Gaugele sind nicht mehr in Berlin, sondern suchen seit über zwei Jahren ihre Trüffel an der Alster. Die vermeintlich leichte überregionale Sonntagsplattform steht den beiden nicht mehr zur Verfügung, der graue Tag-für-Tag Newsalltag einer bis dahin wenig beachteten Regionalzeitung ist nun der Resonanzboden für ihre Recherche. Und was geschah? Innerhalb von sechs Monaten explodierte die Anzahl der Medien-Zitate, die plötzlich auf Inhalte aus dem HAMBURGER ABENDBLATT verwiesen. Während im 1. Quartal 2008 die Verweise auf Exklusives in dieser Regionalzeitung bei eher üblichen 28 Zitaten lag, waren es ein Jahr später schon 128 Zitate. Im Gesamtergebnis für 2009 hat das Team von Strunz es unter die Top10 aller Medien geschafft – im illustren Umfeld von SPIEGEL, WALL STREET JOURNAL und NEW YORK TIMES. Der besondere Erfolg wird noch klarer, wer die Liste betrachtet, die die Hamburger hinter sich gelassen haben: WELT, FRANKFURTER RUNDSCHAU, STERN oder DIE ZEIT können von den Erfolgen des HAMBURGER ABENDBLATTES nur träumen. Ob abends in den Hauptnachrichten oder auf der Titelseite der FAZ: Immer wieder begegnen nicht nur Inhaber von Exklusivem, Entscheider über Anzeigen und natürlich jeder andere potentielle Zeitungskäufer dem Namenszug der Regionalzeitung. Es ist kein Hauptsemester für Massenpsychologie notwendig, um erkennen zu können, daß das Gemeinschaftswesen Homo sapiens bei der nächsten Gremiumssitzung, auf der mögliche Medien als Interviewpartner diskutiert werden, beim Vorschlag, das HAMBURGER ABENDBLATT zu berücksichtigen, kaum noch mit dem despektierlichen Einwurf „Wir wollen doch GANZ Deutschland erreichen" punkten wird.

Das Gold der Nachrichten muß sichtbar werden

Wenn das Nachrichten-Gold offensichtlich nicht nur von den vermeintlich Großen = Überregionalen, sondern von allen gehoben werden kann, die sich für Edelmetall interessieren, bleibt nur die Frage: Ist es ein knappes Gut? Einerseits ja, denn die Anzahl der

Verweise in den untersuchten 39 deutschen Meinungsführer-Medien auf exklusive Nachrichten anderer Redaktionen pendelt seit zehn Jahren unverändert zwischen 30.000 und 35.000 Zitaten. Auf den ersten Blick scheint der Kuchen klar definiert und es würde alles für einen Verdrängungswettbewerb sprechen. Dagegen steht, daß bislang nur in knapp fünf Prozent aller gedruckten Texte oder ausgestrahlten TV-Nachrichten überhaupt ein anderes Medium zitiert wird. Der potentielle Markt ist offensichtlich größer.

Wäre in diesen 95% nicht „genutzten“ Raum Platz für Verweise auf redaktionelle Leistungen anderer? Grundsätzlich ja, allerdings müssten sich die Redaktionen in Zukunft weniger als Veranstalter von „Gleichem für Alle“ begreifen, sondern erkennen, daß der Wert einer FRANKFURTER RUNDSCHAU darin besteht, daß sie Ereignisse ANDERS einordnet und bewertet als eine FAZ, SZ oder gar die WELT. Ein Blick auf die qualitative Analyse der inhaltlichen Angebote dieser vier Qualitätszeitungen im Langzeitverlauf der Jahre 1998-2003 zeigt jedoch, daß alle ihrem Publikum das Gleiche anboten:

Grafik 4: **Stellenwert von Themen in der parteipolitischen Berichterstattung: Verteidigungs- und Ausländer-/ Asylpolitik, 1998-2003**

Verteidigungspolitik

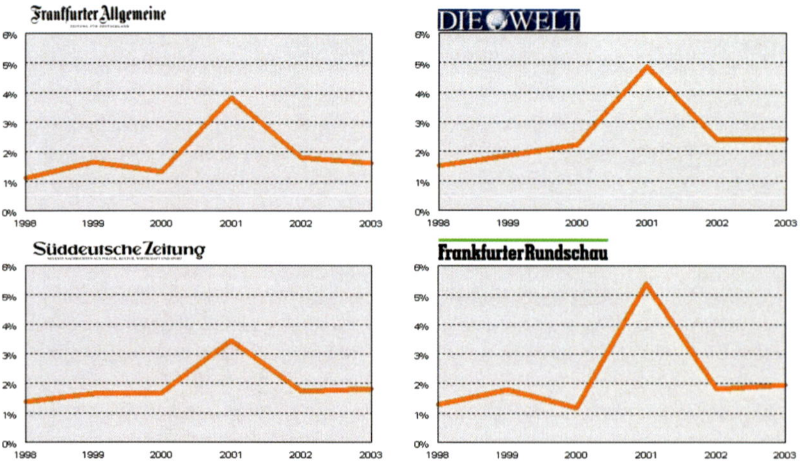

Ausländer-/Asylpolitik

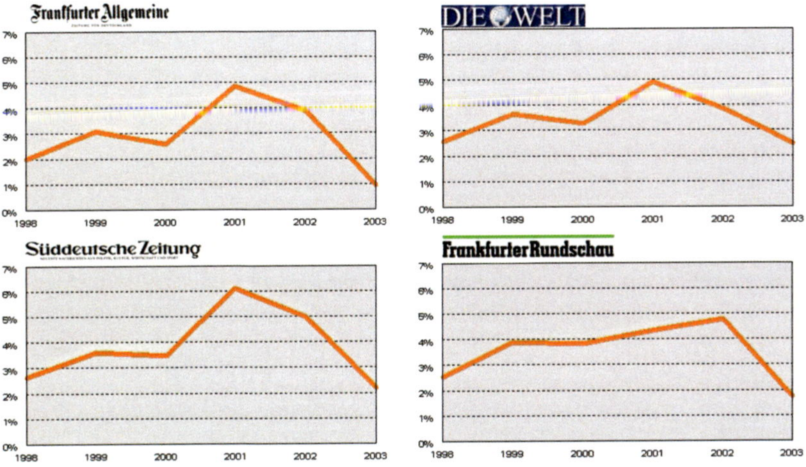

In den Bewertungen von Institutionen oder Personen wurden selbstverständlich Unterschiede sichtbar: Franz Müntefering konnte sich lange eher über Urteile in der FR und SZ freuen und ärgerte sich über Bewertungen seiner Arbeit in WELT und FAZ. Umgekehrtes wird Guido Westerwelle bestätigen. Aber das ist nahezu irrelevant.

Es kann nicht sein, daß die Redaktion der FR ihrer „Gemeinde“ die gleiche Aufmerksamkeit zu Themen wie Ausländer und Asyl anbietet, wie dies die Journalisten der FAZ es taten. Die Entscheidung für ein Medium wird in erster Linie dadurch getroffen, ob der Leser die Sicherheit hat, über alle relevanten Entwicklungen zu Themen, Institutionen und Personen informiert zu werden, die ihm am Herzen liegen. Das sind naturgemäß nicht ALLE Themen, sondern bestimmte Segmente. Ein Unternehmer interessiert sich für andere Themen als ein Pfarrer, eine Schauspielerin will nicht die gleichen Informationen für ihr Berufs- und Privatleben wie eine Ärztin. Allen ist jedoch eines gemeinsam: Sie können erkennen, wenn ihnen die gleiche Soße vorgesetzt wird. Und sie können sich dank Studium, Buchmesse oder Internet leicht Zugang zu den Nischen-Medien verschaffen, die ihre Interessen ernst nehmen. Denn die Mär vom vermeintlich rückläufigen Leseinteresse ist durch keine Statistik zu belegen: In Frankfurt werden Jahr für Jahr eher mehr als weniger Bücher ausgestellt, die Nischen-Medien nehmen zu und nicht ab und wer offenen Auges morgens im Zug sitzt, kann die Gesichter seiner Mitreisenden kaum erkennen, da nahezu jeder etwas Gedrucktes vor der Nase hält. Doch wenn in einer FR kaum noch etwas anderes angeboten wird als in 20 MINUTEN – warum Geld für die FR ausgeben?

„Ich bin derjenige, der die Rückseite Ihrer Anzeigen beschreibt." Mit diesen Worten stellte sich Anfang der Zeitenwende zum 3. Jahrtausend ein Gruner + Jahr-Chefredakteur bei einem Kongreß vor 150 Leiter von Unternehmenskommunikations-Abteilungen. Klarer hätte die verbreitete Abkehr vom Journalismus nicht beschrieben werden können, auch wenn dies vielleicht als Jokus gedacht war. Daß in der Folge die Eigenständigkeit dieses Mediums dann verloren ging, ist kein Wunder. Da an den Zahlen des SPIEGEL-Verlagsgeschäftsführers nicht gezweifelt werden muß, zeigen die Hamburger den Weg in das neue Jahrzehnt – anknüpfend an „gute" alte Zeiten, wo das Geld für die Anzeige lange vor Druck gezahlt werden mußte und nahezu kein Einfluß auf die Plazierung selbiger möglich war. Wem es gelingt, eine entsprechend relevante Anzahl von Menschen dazu zu bringen, regelmäßig Geld für die Lektüre auszugeben, verfügt über Gold. Zugang zu einer klar definierten Gruppe zu haben, ist genau das, was unterschiedliche Parteien, Unternehmen, NGO's, Sportvereine usw. gerne hätten. Dieser Zugang ist, ähnlich wie Geld, keine Garantie, sondern allein auf Vertrauen basierend. Das Vertrauen des Lesers will immer wieder neu angeregt, erheitert, gebannt zu werden. Wer dieses Vertrauen bricht – durch zu hohen Einsatz von jedem zugänglichen Agentur-Materials, durch Wiederholungen, durch unsolide Recherche – wird durch Abo-Kündigung oder Ignoranz am Kiosk bestraft. Niemand will gelangweilt werden, genauso wenig wie Menschen für kalten Kaffee drei Euro zahlen. Es will auch niemand chronisch überrascht werden: weder von Finanz-Krisen noch von Aufständen in der Arabischen Welt. Die WIRTSCHAFTSWOCHE hat bewiesen, daß niemand vom Banken-Crash 2008 überrascht sein mußte, doch eine Zeitschrift allein genügt nicht. Genauso wenig wollen Menschen dann anhand von Übertreibungen in Schockzustände versetzt werden, die sich hinterher dann als weit weniger dramatisch herausstellen, als sie ursprünglich in den Medien als solche vermittelt wurden – nachdem über Monate und teilweise Jahre den Zeichen an der Wand kein Platz eingeräumt wurde. Es lohnt sich für jeden Ressort-Leiter und jeden Verlagsmanager der Frage nachzugehen, warum das eigene Blatt bzw. die eigene Sendung aus welchen Gründen die angebotenen Texte zu ‚Subprime' 2007 nicht gedruckt wurden, warum Griechenland nur dann ein Thema war, als Studenten Reifen in der Innenstadt Athens anzündeten und weshalb der jährlichen Trillion US$, die durch Korruption verdummt werden, keine redaktionelle Priorität eingeräumt wird.

Starbucks demonstriert allerdings täglich, welche Beträge Menschen für alle möglichen Formen von heißem Kaffee bereit sind auszugeben. Wer jeden Tag für 20 Minuten Genuß bis zu fünf Euro zahlt, tut das auch gerne für Anregung und/oder Unterhaltung. Wenn jeden Montag aus dem SPIEGEL zumindest ein Text herausgerissen wird, um später daraus zitieren zu können, wenn jeden Tag in der FAZ zumindest ein Hinweis zu entnehmen ist, der so an keinem anderen Ort mit vergleichbarem Aufwand zu finden wäre, dann sind nicht nur höhere Preise pro Medium zu verlangen, sondern noch ganz andere Zielgruppen zu erreichen. Denn ähnlich wie bei den Medien-Zitaten spricht es sich herum, wenn einer immer wieder dank seiner ZEIT-Lektüre Dinge weiß, die andere nicht kennen.

Stoff genug ist vorhanden. Solange laut World Economic Forum in Genf jedes Jahr 1 Trillion Dollar durch Korruption verdummt werden, können die Medien, die sich eher als Kontrolleure der Mächtigen positionieren wollen pro Tag eher fünf als nur eine Geschichte sauber recherchiert ihrem Publikum präsentieren. Solange die Bilanzierungsregeln nicht geändert werden, bleibt ausreichend Raum, um selbst die bislang als dröge daher kommenden Wirtschaftsnachrichten mit Leben und Spannung zu versehen. Es liegt also „nur" an der Redaktion, ob sie Lust auf Trüffel-Suche hat oder lieber sich über ungeprüftes Copy-Paste definiert.

Es ist also höchste Zeit zu prüfen, inwieweit die bekannten Leuchttürme des deutschen Journalismus auch in der Online-Welt Leitfunktion übernehmen können oder inwieweit andere ihnen im Internet Konkurrenz im Geschäft der Meinungsführer bieten können. Dabei ist in dieser virtuellen Welt noch stärker auf eine Facette zu achten, die schon in der gedruckten bzw. ausgestrahlten Welt für Probleme sorgt: Jeder Redakteur ärgert sich, wenn auf seine Inhalte verwiesen wird, jedoch ohne saubere Quellenangabe. Jeweils zu Quartalsende, aber insbesondere zu Jahresende stehen die Telefone bei Media Tenor nicht still, weil aus den unterschiedlichsten Redaktionen noch einmal sichergestellt werden soll, daß bestimmte Zitate auch tatsächlich richtig erfaßt worden sind – obwohl jedem bekannt ist, daß ein Zitat sich durch entsprechende Formalia definiert. Und wenn diese nicht erfüllt sind, dann können diese nicht einem wissenschaftlichen Ranking erfaßt werden. Bei Online-Postings hat dieses Kriterium natürlich in gleicher Form zu gelten.

Ein weiterer Aspekt dürfte in Zukunft eine Rolle spielen: So wie Geld ein flüchtiges Reh ist, so geben auch Menschen ihr Vertrauen nicht unbegrenzt immer wieder den gleichen Quellen, gerade dann wenn sich deren Inhalte als falsch herausgestellt haben. Wer als Angehöriger über Twitter erfährt, daß seine Lieben im Flugzeug nach Singapur abgestürzt sein sollen, wird sich in Zukunft genau überlegen, ob er diesem Dienst Vertrauen schenkt, wenn er wenige Stunden später die Verwandten unbeschadet am Flughafen in Empfang nehmen kann. Wenn Google-Meldungen über eine Fluggesellschaft zum massiven Einbruch der Aktie führen können, um dann später die Korrektur zu lesen, daß die Software nicht im Stande war zu erkennen, daß es sich bei der Verbreitung der vermeintlichen News um drei Jahre alte Texte handelt, dann wird einer immer größer werdenden Anzahl bewußt, daß Software nicht gleich Software ist und die Grenzen der Technik nicht allein im Kontext der Nutzung von Kernenergie zu diskutieren sind. In die allgemeine Facebook-Euphorie mischen sich zunehmend Stimmen, die auf die wachsende Zahl von Selbstmorden unter Jugendlichen hinweisen, die sich den vielfältigen Formen der Häme und Verleumdungen nicht mehr anders zu wehren wissen.

Dem Ruf nach Entschleunigung und vermehrter Wahrung des journalistischen Prinzips der Kontrolle wird ein Rückblick auf die Begeisterung im Zusammenhang mit „Second Life“ dienlich sein. Wer sich 2003 nicht registrierte, drohte „out“ zu sein. Millionen wurden auch von Unternehmen investiert, weil sich angeblich auf dieser neu geschaffenen Plattform die Zukunft des Lebens abspielen würde. Ohne Frage: 21 Millionen reale oder vermeintliche Nutzer sind mehr als 40.000 verkaufte taz-Exemplare. Aber 21 Millionen sind in Bezug zur Gesamtbevölkerung nichts von Relevanz.

Ähnlich erscheint es einem bei der Erklärung des Phänomens Wikileaks zu ergehen. Wer am 28.11.2010 am Kiosk stand, traute seinen Augen nicht. Die Schlagzeilen der Frontseiten von LE MONDE bis NEW YORK TIMES galten nur noch einem Thema – obwohl alle Welt das dort als „neu" Angepriesene schon seit Jahren in den gleichen Zeitungen mehrfach gelesen hatte. Wer den Ausführungen des deutschen Gesichtes von Wikileaks, Daniel Domscheit-Berg, in seinem Buch „Inside Wikileaks – Meine Zeit bei der gefährlichsten Website der Welt" (Econ, 2011) Glauben schenkt, wird den Eindruck nicht los, daß im 4. Quartal 2010 wieder einmal ganze Redaktionen ihre Hauptaufgabe verpaßt hatten. Am 28.11.2010 vermittelten Tageszeitungen und Zeitschriften in England, Frankreich, Spanien, Deutschland oder den USA auf ihren Titelseiten den Eindruck, daß ihnen erst an diesem Tag bekannt war, daß der Präsident von Frankreich nur ein Interesse pflegt: sich selbst. Daß in Italien Berlusconi in erster Linie auf seine Parties achtet und Angela Merkel in Deutschland manches bewegt – nur nicht das Entscheiden. Generationen von politischen Hoffnungsträgern der Union hatten sich wortreich schon lange vor dem 28.11.2010 aus der Politik genau aus diesem Grund verabschiedet und doch entscheidet sich die Chefredaktion des SPIEGEL Ende November 2010 für einen Titel, bei dem ihr Stammpublikum sich sehr anstrengen mußte, um das „Neue" bzw. Relevante zu entdecken. Überall auf der Welt dürfte es Files mit mehr als 250.000 Dokumenten geben. Überall auf der Welt dürfte es in diesen Dokumenten auch die eine oder andere Neuigkeit geben. Die Ur-Frage des Journalismus, die sich schon am 28.11.2010 stellte, blieb jedoch unbeantwortet: Cui bono?

Die jüngsten Bücher der Wikileaks-Verantwortlichen offenbaren zudem, daß sich die „Medien-Partner" weder vertieft um die Überprüfung der Quellen noch die Glaubwürdigkeit ihres „Vertrags-Partners" gekümmert haben dürften. Liegen die Erfahrungen des

STERN mit seinen Hitler-Tagebüchern schon zu weit in der Vergangenheit?

Grafik 5: **Die Ökonomie der Aufmerksamkeit wirkt Einnahmen aus Spenden für Wikileaks, 11/2010 / 12/2010**

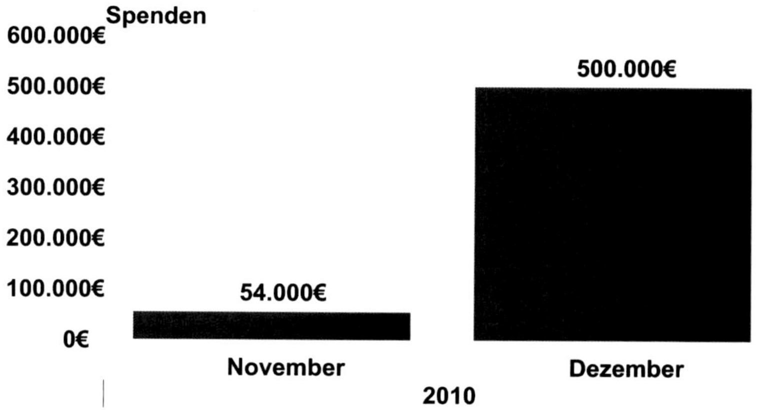

Quelle: Wau-Holland Stiftung Transparenzbericht 2010

In einer Zeit, die davon geprägt zu sein scheint, daß sich nicht nur jeder für einen Medienexperten hält, weil er schon einmal eine Zeitung in den Händen hielt und kunstvoll mit der Fernbedienung das Fernsehgerät zu bedienen weiß, sondern nun auch noch dank der unendlichen Weiten des Internets sich selbst als Journalist dünken darf, weil er „bloggt", „twittert" oder sonstigen Tätigkeiten nachgeht, die mit dem Erzeugen von Buchstaben einhergehen, ist es aber nicht von Schaden, den guten alten Dreiklang des Journalismus zu kennen:

A) Nenne immer präzise Roß und Reiter

B) Wenn du deine Quelle nicht kennst, hüte dich vor ihren vermeintlichen „Dokumenten"

C) Das Vier-Augen-Prinzip nicht nur bei der Begutachtung externer Texte, sondern insbesondere beim Selbst-Verfaßten.

Das Einhalten des ABC war und ist die Grundlage für die solide Ökonomie der Aufmerksamkeit. Generationen von Journalisten haben bei EL PAIS oder LE MONDE mit ihrer Recherche und den redigierten Texten den Grundstein dafür gelegt, daß ihr Blatt für Qualität jenseits des eigenen Landes zum Begriff wurde. Die Bekanntheit der Marke wurde zu einem Wert an sich, der schnell an Substanz verlieren kann, wenn auf die eigenen Standards nicht geachtet wird. Wikileaks als kleinste Gruppe von Menschen, die bis zu ihrem Coming-Out nicht den Nachweis erbracht hatten, als Rechercheure, Forscher oder gar Journalisten nachhaltigen Mehrwert geleistet zu haben, konnten die globale Beachtung erst entfalten, als Qualitätsmedien bereit waren, die von ihnen mühsam erarbeitete Glaubwürdigkeit in Form von täglich bewiesener qualitativer Recherche bereitzustellen, um einem Nicht-Kollegen die eigene Zeitung bzw. Zeitschrift als Marken-Plattform zu bieten. Das Redaktionsteam des STERN weiß bis heute, wie schnell der Kredit verspielt ist. Und wie mühsam es ist, über Jahrzehnte wirkende Zweifel zu überwinden.

Das Internet in seiner jetzigen Ausprägung und Nutzung verfügt über weniger als zehn Jahre Leistungsnachweis. Der Versuch, die Welt mit gefälschten Tagebüchern von Adolf Hitler zu betrügen, um ohne großen Aufwand das schnelle Geld machen zu können, liegt 28 Jahre zurück. Einige seiner Versuchungen sind in dem Film „Schtonk" nachzuvollziehen. Der Betrug wird erst dann leichter zu entlarven, wenn a) die Nachfrage anzieht und der Zeitdruck Nachlässigkeiten erzwingt und b) die Betrüger erste Anerkennung vom alten Establishments genießen. Der STERN ist seinerzeit keinen Leserbrief-Schreibern oder Hobby-Schriftstellern auf den Leim gegangen. Die Tür wurde von einem Journalisten aufgemacht – denn gegen jeden Außenstehenden funktionieren die argwöhnischen Kontrollmechanismen gut.

Wie gesagt, im Internet sind die Besten vertreten. Aber nicht nur. Das kostbare Gut des Journalismus, die saubere und harte News ist kein beliebiges Etwas, das von Jedem und Jeder beherrscht wird. Jahrelange Ausbildung, gute Vorbilder und Kollegen, die gerne Texte redigieren, bilden das solide Rüstzeug, dem eine gute Zeitung, eine gute Zeitschrift oder eine gute Sendung ihre Glaubwürdigkeit beim Publikum verdankt. Jeder Redakteur, der im Verlauf seines Berufslebens einmal die ungezählten Leserbriefe betreuen durfte, vermag den Unterschied zwischen Texten seiner Kollegen und diesen Zusendungen zu erkennen: in der Form und vor allem im Duktus. Und gleichzeitig weiß jeder FAZ-Leser, daß auf den Leserbrief-Seiten selten die Unwichtigsten Texte zu finden sind – aber dennoch: Nicht die Leserbriefe sind die Grundlage des Abonnements oder des Gangs an den Kiosk, sondern die Meldungen, Aufmacher, Hintergrundtexte und Kommentare.

Die Methode der Inhaltsanalyse ist begrenzt und bildet nur einen kleinen Ausschnitt des Universums insbesondere des Journalismus. Aber gerade aufgrund dieser Reduktion vermag sie andererseits vielleicht klarer als andere Versuche die Essenz relevanter Inhalte zu identifizieren. Nicht nur in der gedruckten oder gesendeten Form, sondern auch im Internet. Weil anekdotische Einzelfälle als solche sichtbar gemacht werden können ebenso wie die große Zahl.

Entsprechend kann der Agenda Setter Atlas Online nur ein erster Versuch sein, den vielfältigen Meinungsführern im Internet nachzuspüren. Das tägliche Schreiben jedes Einzelnen ist die Mühe wert herauszufinden, wo und wie oft der Text auf Resonanz stößt. Die Ergebnisse können nicht jedem Autor und jeder Autorin gefallen, denn mit einem Mal wird deutlich, was bislang nur geahnt war: Die Inbox bei Outlook ist ein erster zuverlässiger Indikator, ob der eigene Text tatsächlich die Massen da draußen zum Toben gebracht hat oder nur das eigene Herz in Wallung kam. Rankings auf Basis der quantitativen und qualitativen Inhaltsanalyse zumindest im Kontext der zehn ausgewählten Themen werden ein zweiter Indikator sein, die das eigene Erleben bestätigen dürften. Für die Interpretation der Daten sind allein die ausgewiesenen Autoren verantwortlich – auch sie freuen sich über jedes Echo.

Zürich, April 2011

Inhaltsverzeichnis

1. Einführung: Print-Titel sind auch online die Agenda-Setter von Roland Schatz

Entgegen der bisherigen Wahrnehmung bleiben auch im Internet die Qualitäts-Medien erste Anlaufstelle, wenn Themen aus Politik und Wirtschaft diskutiert werden. Bei den Debatten um den Rücktritt von Bundespräsident Horst Köhler, dem Umgang mit den Persönlichkeitsrechten im Zusammenhang mit Google, den Folgen des Vulkanausbruches oder den Wahlen zur Nachfolge von Bundespräsident Köhler wie in NRW verweisen die Teilnehmer in Diskussionsforen, Blogs und anderen Plattformen im Internet in erster Linie auf Inhalte der Qualitätsmedien. Dies ist das Kernergebnis dieser ersten umfassenden Inhaltsanalyse zum Agenda Setting Verhalten im Internet, die das Medienforschungsinstitut Media Tenor International gemeinsam mit dem VDZ durchgeführt hat.

Damit bestätigt die Studie die bisherigen Resultate aus der kontinuierlichen Media Tenor Zitate-Analyse, bei der in den 40 deutschen Meinungsführer-Medien Tag für Tag in den Print-Medien auf Seite 1 sowie im Politik- und Wirtschaftsressort bzw. in den vollständigen Nachrichtensendungen des Deutschlandfunks sowie im Gesamtangebot der Nachrichten und Politik- bzw. Wirtschaftssendungen von ARD, RTL und ZDF durch ausgebildete Analysten Verweise auf redaktionelle Inhalte von Medien nach Inhalt, Thema und Plazierung ausgewertet werden. Die tonangebenden Medien sind unverändert die Bild-Gruppe, der Spiegel, die Süddeutsche Zeitung, das Handelsblatt und der Focus. Social Media oder andere nicht-redaktionelle Online-Angebote werden von den deutschen Meinungsführer-Medien eher selten als Quelle für relevante Nachrichten akzeptiert – die in einschlägigen Diskussionen genannten Beispiele wie im Nachgang zu den Wahlen im Iran bleiben unverändert herausragende Einzelergebnisse ohne das Zitate-Verhalten insgesamt zu verändern:

Grafik 1: **Meistzitierte nicht-redaktionelle Anbieter in tonangebenden Print- und TV-Medien, 3-12/2010**

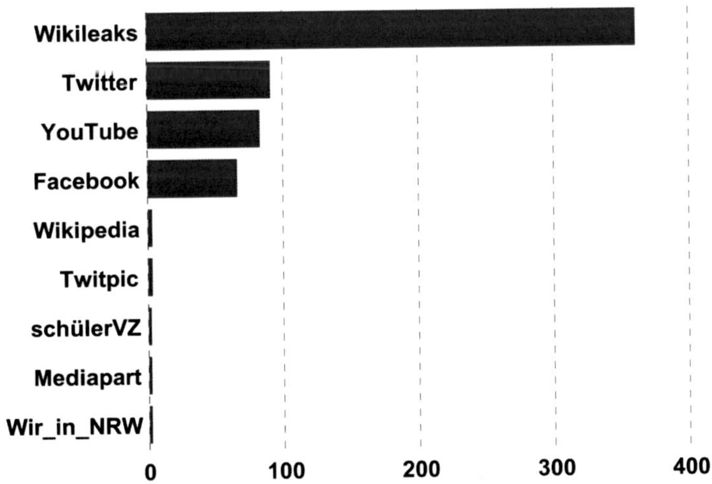

Basis: 634 Zitate 3-12/2010

Grafik 2: Meistzitierte Online und nicht-redaktionelle Anbieter in tonangebenden Print- und TV-Medien im Vergleich, 3-12/2010

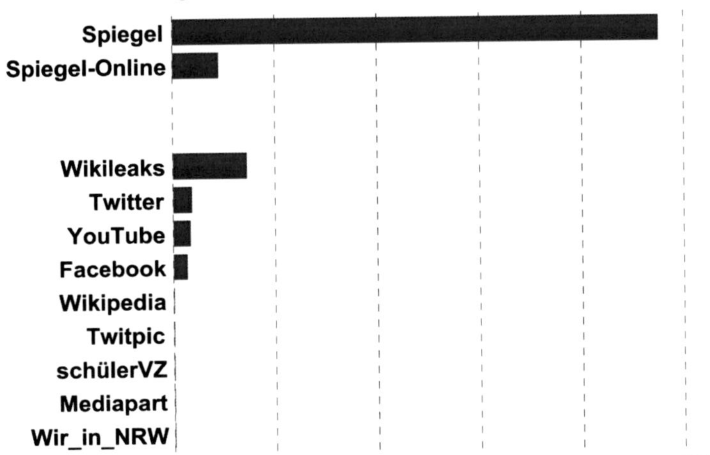

Basis: 634 Zitate 3-12/2010

Dieses Verhalten der 40 deutschen Meinungsführer-Medien überrascht nicht. Daher wurde 2010 erstmals das gleiche Untersuchungsdesign für das Internet angewandt: Im Zusammenhang mit dem Rücktritt von Bundespräsident Köhler wurde spekuliert, einzelne Blogger oder andere Social Media hätten Horst Köhler zum Rücktritt veranlaßt. Daher wurden die offen zugänglichen Texte aus Blogs, Diskussionsforen und Twitter in deutscher Sprache mit einer relevanten Autorität im Internet aus kommerziell zugänglichen Archiven im Zusammenhang mit diesem und neun weiteren Themen mit den gleichen inhaltsanalytischen Kriterien ausgewertet, wie dies im Rahmen des Media Tenor Zitate-Rankings seit 1994 durchgeführt wird. Texte mit Hinweisen auf andere Quellen werden von ausgebildeten Analysten auf den Inhalt und die Verweisstellen des Zitates ausgewertet. Diese Ergebnisse werden einmal pro Monat im Rahmen des in der Wissenschaft üblichen Inter-Coder-Reliabilitäts-Tests überprüft, um etwaige Fehleinschätzungen oder persönlichen Präferenzen auf Seiten der Analysten auszuschließen.

Grafik 3: Zitierte Medien nach Gattung

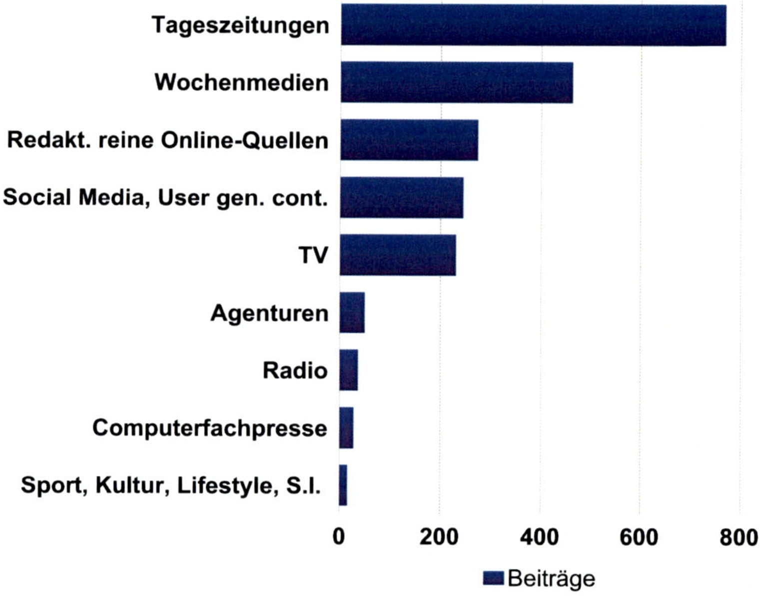

Anmerkung: Einschließlich Online-Ableger

Von allen Texten, die im Internet mit Bezug zu den zehn ausgewählten Themen gefunden und inhaltsanalytisch auf Quellenverweise ausgewertet werden konnten, weil in den Texten nicht nur individuelle Befindlichkeiten ausgedrückt, sondern Hinweise auf Meinungsführerschaft manifest wurden, war der Verweis in erster Linie auf Inhalte von Tageszeitungen oder Wochenmedien zu finden. Allein in zehn Prozent aller Texte wurde auf Blogger, Facebook, Youtube oder andere Social Media oder nicht-redaktionelle Online-Quellen verwiesen.

Den stärksten Niederschlag in die Online-Diskussion hatte im ersten Halbjahr 2010 unter den zehn ausgewerteten Ereignissen nicht der Vulkanausbruch mit seinen Auswirkungen auf den unmittelbaren Alltag der Internetnutzer in Form von Flugausfällen, Unsicherheit über den Verbleib von Familienmitgliedern bzw. Freunden und das Erleben in den überfüllten Flughäfen, sondern der Rücktritt von Bundespräsident Horst Köhler und die Frage, wie mit Google Street View und dem damit verbundenen Eingriff in die Persönlichkeitsrechte umzugehen ist.

Grafik 4: In der Studie ausgewertete Themen: Umfang der Berichterstattung

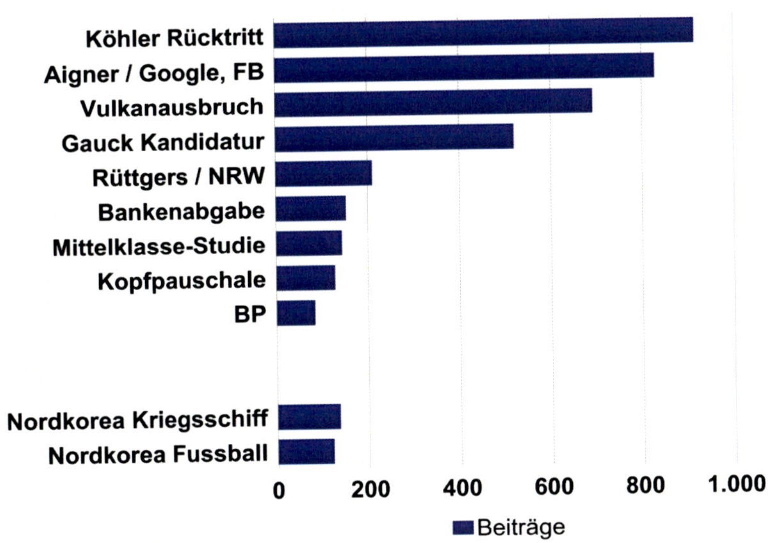

Die Inhaltsanalyse kann die Selbst-PR insbesondere ausgewählter Blogger, die sich als Grund für die Aufgabe von Horst Köhler auch in den Feuilletons der Medien feiern ließen, nicht bestätigen: Als Beispiel dienen aus der Diskussion über Köhler die Blogs „Beim Wort genommen“ sowie „Bundeshorst“. Auch wenn die Zahl der Zitate für diese Blogs nicht auf das Gesamtranking ausreichte, spielten sie zwar eine Rolle in der Diskussion über Köhler vor seiner Rücktrittsankündigung und folglich auch in der Auseinandersetzung über die Rolle der Blogger danach. Die Autoritätswertung von Sysomos für diese beiden Blogs brachte allerdings lediglich eine 4 hervor. Dies zeigt, daß die Aufmerksamkeit innerhalb der Gemeinschaft ausreicht, um auf vereinzelte Angebote aufmerksam zu machen, wenn diese Inhalte haben, die für den Rest von Interesse sein könnten, jedoch nur wenig zum Aufmerksamkeitskapital der Angebote hinzufügen. Verweise auf den Spiegel erhalten dagegen den Höchstwert von 10. Beiträge mit einer Autorität niedriger als 3 wurden in dieser Studie nicht berücksichtigt.

Grafik 5: Zeitverlauf Köhler in Social Media / nicht-redaktionellen Online-Angeboten und klassischen Outlets

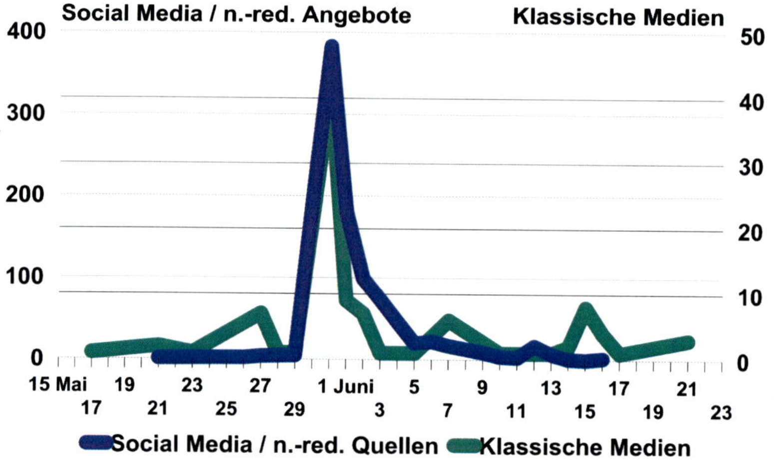

Entscheidend ist die Fundstellen-Analyse im Zeitverlauf: Entgegen der allgemeinen Behauptungen waren die deutschen Meinungsführer-Medien die ersten, die das Thema Köhler auf der Agenda hatten. Wie üblich wurde dies dann im Internet aufgegriffen und weiter diskutiert – mit vergleichbarer Intensität. Ähnlich wie auch schon im US-Wahlkampf 2000 bleibt das Kommunikationsverhalten konstant: Ereignisse, die die Aufmerksamkeit der Menschen über die klassischen Medien wie TV, Radio oder Print erreichen, werden dann von ihnen online weiter diskutiert. In neun von zehn Fällen ohne thematische Ergänzung, nur als reine Wiedergabe dessen, was zuvor von den Redaktionen dargestellt worden war. Auch im Follow-up haken eher TV, Radio und Print-Medien nach und berichten über die Konsequenzen, während das Interesse in der Online-Community schnell erlischt.

Werden alle Verweise in den Internet-Texten auf die sechs ausgewählten Themen mit Schwerpunkt Politik zusammengenommen, wird die Dominanz der Quellen mit redaktionellem Ausweis noch deutlicher: Die Redaktion von Spiegel-Online liegt vor den eigenen Print-Kollegen gefolgt von Welt, ARD-Online, FAZ und Bild.

Grafik 6: Meistzitierte Medien: Politikthemen

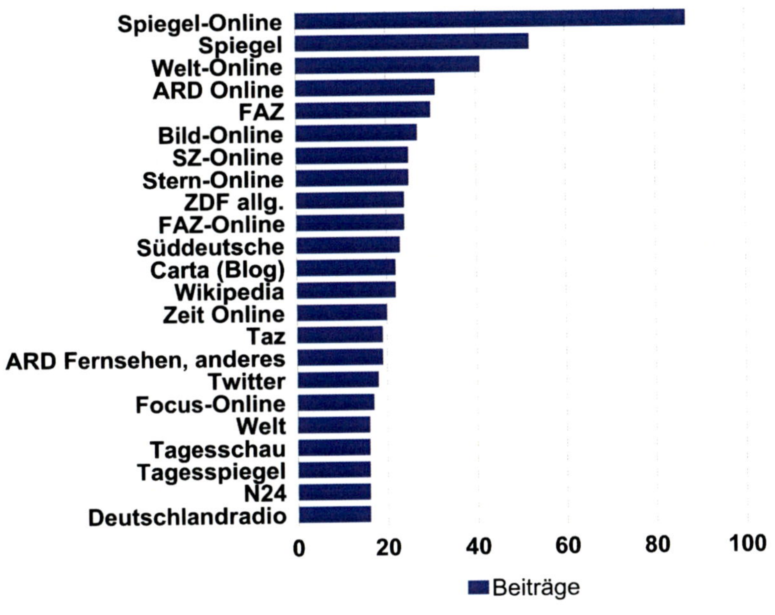

Die Auswertung der nicht-redaktionellen Anbieter belegt zudem, daß trotz der gegenseitigen Verlinkung innerhalb der Gemeinschaft kein Angebot als Meinungsführer oder als „Alpha-Blog" zu erkennen war. Zwar war die Verlinkung wie auch die daraus folgende Autoritätseinschätzung durch Sysomos unterschiedlich, doch auch die mehr etablierten Angebote erreichten hier lediglich mittlere Werte und eher bescheidene Zitierungszahlen.

Bei den ausgewählten vier Themen mit Schwerpunkt Wirtschaft verschieben sich die Ergebnisse nicht zugunsten der nicht-redaktionellen Anbieter, sondern allein innerhalb der Nachrichtenanbieter mit redaktionellem Hintergrund: Spiegel-Online liegt auch hier vorn, gefolgt von Heise-Online, Focus-Online, Welt-Online und der Print-Ausgabe des Focus sowie dann FAZ-Online, N-TV und Handelsblatt.

Grafik 7: Meistzitierte Medien: Wirtschaftsthemen

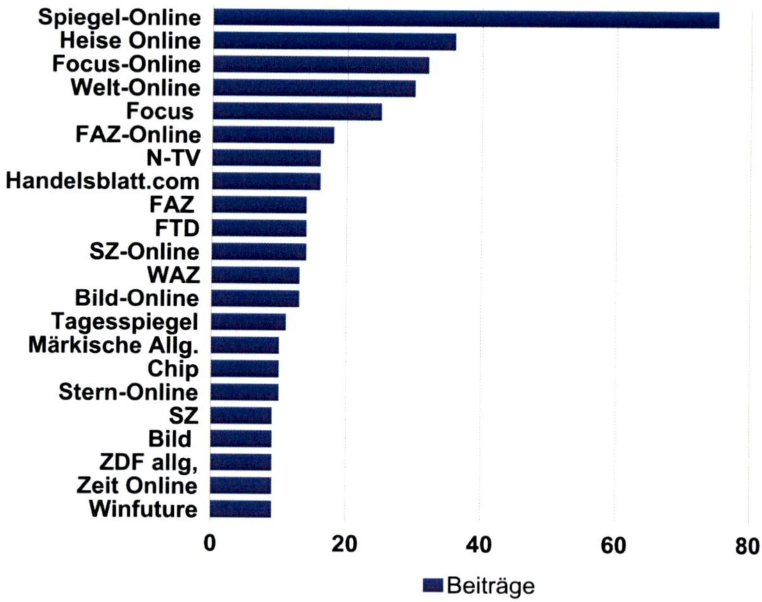

Es bleibt zu beobachten, inwiefern die Betreiber von Blogs und anderer nicht-redaktioneller Online-Quellen, die ihre Publizistik in aller Regel als Hobby betreiben und sich den üblichen Recherchekriterien und Kontrollschlaufen eines Redaktionsalltags gewollt oder ungewollt entziehen, innerhalb der Internet-Gemeinschaft nachhaltig Meinungsführerschaft erhalten können – abgesehen von Aktivisten mit klaren Zielen.

Daher unterstützen die Untersuchungsergebnisse die These, wonach die Suche nach Meinungsführern innerhalb der Online-Quellen ohne professionelle Redaktion im Vergleich zu anderen Mediengattungen eher sekundär ist, die sozialen Netzwerke vielmehr eher als Gesamtheit zu betrachten sind. Durch die Autoritätsmerkmale können zwar viele Inhalte mit sehr niedriger Wahrnehmung, wie etwa solche, die nur für den Zeitraum einiger weniger Tagen wirkten, ausgeschlossen werden. Da das Agenda Setting aber innerhalb der Gemeinschaften primär im Austausch mit den etablierten Medien bzw. durch Nachahmungseffekte innerhalb der Gemeinschaft mit wenig Neigung zu direkten Zitaten geschieht, scheinen zumindest im Jahr 2010 bei der Analyse und Beurteilung der Inhalte deutschsprachiger nicht-redaktioneller Online-Quellen einzelne Angebote weniger ausschlaggebend. Relevant sind Bewegungen innerhalb der gesamten Gemeinschaft, inklusive der weniger Autoritäts-Angebote.

Da die wenigsten Online-Medien auch nach mehr als 15 Jahren innerhalb des Internets profitabel arbeiten, werden immer mehr der qualitativ höherwertigen Online-Medien ihre Inhalte in der gewohnten Qualität nicht länger kostenlos anbieten und dem Beispiel Murdoch folgen. Dies könnte das Verhältnis nicht-redaktioneller Inhaltsquellen und professioneller Redaktionen ändern.

Das Dilemma der teilweise populären Angebote der Social Media, in der Ökonomie der Aufmerksamkeit erfolgreich zu sein, ohne dies kommerziell verwerten zu können, wird im dritten Jahrzehnt des WWW den Verdrängungswettbewerb weiter verschärfen – wie die aktuelle Debatte zum Verhalten von Google, Facebook, Wikipedia oder gar Wikileaks verdeutlicht. Media Tenor hat 1999 bei der Boston-Konferenz zur Zukunft der Digital Divide auf die Bedeutung der Qualität der Quellen verwiesen – im Herbst 2010 hat sich an dieser Aufgabenstellung für alle Inhalte-Anbieter nichts geändert.

Methode, Basis und Inter-Coder-Reliabilitäts-Test

Für diese Analyse wurden 3.956 Text- und Videobeiträge aus Blogs, Diskussionsforen, Videoplattformen (sofern aus einer anderen Quelle verlinkt) und Twitter analysiert. Die Auswahl der Beiträge erfolgte mittels des kanadischen Fachdienstes Sysomos ™ mittels Boole'scher Suchstrings. Zum Zeitpunkt der Analyse wurden in der Datenbank 110.117 Blogs, 2.307 Nachrichtenquellen und 2.787 Diskussionsforen archiviert, die Deutschland als ihre Geolokation angaben. Nicht deutschsprachiger Text aus diesen Quellen ist nicht in die Analyse mit eingeflossen, deutschsprachige Texte aus anderen Quellen der Datenbank wiederum schon, inklusive Quellen, bei denen Daten über den Standort nicht verfügbar sind.

Analysiert wurden Beiträge von Autoritätsstufen 3-10, bzw. 7-10 (Twitter) nach der Einordnung von Sysomos ™.

Die von Sysomos ™ erläuterten Kriterien für diese Einordnung sind:

- Verlinkung
- Bookmarks in Verzeichnissen wie del.icio.us
- Nutzerinformationen, wenn erhältlich
- Häufigkeit der Postings
- Zahl der Leserkommentare
- Followers (nur Twitter)
- Reichweite, wenn meßbar

Diese Kriterien dienen dazu, die äußerst kritische Aufgabe der Unterscheidung zwischen relevanten und irrelevanten Quellen zu lösen. Diese Frage ist bei aller inhaltsanalytischen Auswertung von nicht-redaktionellem Material sowohl bedeutsam als auch schwer lösbar. Die niedrigen Hürden zum Publizieren und die Auflösung der Grenzen zwischen Leser und Produzent gehören untrennbar zum Wesen der sozialen Medien. Andererseits bewirken sie allerdings, daß die Entstehung vom Aufmerksamkeitskapital hier völlig anderen Regeln unterworfen ist als bei den redaktionellen Massenmedien.

Obwohl jeder im Internet weltweit publizieren kann, bleibt ein weltweites Publikum, wenn nicht sogar schon eine zweistellige Zahl an Lesern für die meisten Autoren ein Traum. Um aus diesem Bereich der Nicht-Wahrnehmung herauszuwachsen, bedarf es allerdings nicht der äußeren materiellen Ressourcen, die für die etablierte Publizistik unumgänglich sind. Es ist zwar richtig, daß selbst die wertvollsten Inhalte in aufmerksamkeitsarmen Quellen per se kaum eine Chance haben, beachtet zu werden. Dennoch sind es fast ausschließlich solche Inhalte, mit denen es Anbietern gelingt, sich innerhalb der virtuellen Öffentlichkeiten zu etablieren. Der Zuwachs des Aufmerksamkeitskapitals kann dabei zwar sehr rasch stattfinden, allerdings auch sehr lange Zeit in Anspruch nehmen.

Deshalb kommt es vor, daß auch angesehene Quellen im Internet ein ähnliches Design haben können, wie die jüngsten Anfänger, die Betreiber sich lediglich mit wenig aussagekräftigen Pseudonymen identifizieren, oder unregelmäßig publizieren. Daten über Verbreitung oder Informationen über die Leser sind ohnehin in den wenigsten Fällen zu bekommen.

Mittels einer umfangreichen Datenbank wie dem Archiv von Sysomos lassen sich allerdings Merkmale erkennen, mit denen der Stellenwert einzelner Inhalte eingeschätzt werden kann. Das wichtigste davon ist die Verlinkung. Wenn auf anderen Webseiten häufiger auf eine bestimmte nicht-redaktionelle Online-Quelle verwiesen wird als auf andere vergleichbare Angebote, ist das ein Zeichen dafür, daß diese stärker wahrgenommen werden. Zwar gibt es diese Wahrnehmung nicht nur für angesehene Beiträge, sondern auch eine Blamage kann in dieser Weise berühmt werden. Im negativen Fall hält dies jedoch nur in Ausnahmefällen über einen längeren Zeitraum an und es ist noch seltener, daß die URL des Angebots dann in Favoritenlisten oder Verzeichnisse wie del.icio.us eingetragen wird.

Auch Merkmale, wie die Häufigkeit der Postings und Zahl der Kommentare sagt etwas über die Wahrnehmung aus, ähnlich wie bei Twitter die Zahl der Follower. Außerdem geben diese Merkmale Auskunft darüber, wie aktiv einerseits die Autoren an der Gemeinschaft teilnehmen und wie stark andererseits diese darin angebunden sind.

Darüber hinaus gibt es Quellen, bei denen Information über die Reichweiten oder über die Nutzerstruktur offen zugänglich sind. Dies ist aber leider nur eine Ausnahme und nicht die Regel.

Angebote, die an aufmerksamkeitsreiche Publikationen gebunden sind, zehren aus dem Aufmerksamkeitskapital der Mutterpublikation. So versorgt z.B. Spiegel-Online durch die hohen Besucherzahlen auch das eigene Diskussionsforum mit Lesern und Autoren. Selbst ein angesehenes privat geführtes Angebot erreicht schwer die Wahrnehmung eines unverbindlichen Postings in den Foren der wichtigsten Online-Medien. Daher war es für diese Studie wichtig, die Hürde bei der Autorität nicht zu hoch anzusetzen, denn dies hätte gerade die unmoderierte, unzensierte Kleinpublizistik außer Acht gelassen, die von der etablierten Medien am wenigsten abhängig ist. Allerdings muß es trotzdem eine Grenze nach unten geben, da die Inklusion von Angeboten, die nicht gelesen werden und keine Rolle innerhalb der Gemeinschaften spielen das Gesamtbild verzerren. Deshalb wurde bei dieser Studie auf Beiträge mit den niedrigsten Autoritätswerten 0-2 verzichtet. Bei Twitter wurde die Grenze auf 7 gelegt. Durch seine Beschaffenheit ist Twitter weniger proaktiv als die anderen analysierten Quellen, andererseits sagt die Zahl der Follower objektiv mehr über die Wahrnehmung aus als die Merkmale der anderen Medien. Daher gab es den Bedarf für die Tweets aus weniger wichtigen Accounts nicht.

Vor allem die Merkmale Verlinkung sowie die Zahl der Leserkommentare sorgten dafür, daß durch den Verzicht auf Quellen mit niedrigem Autoritätswert vor allem Inhalte in die Auswahl kamen, die an Interaktion im Sinne der Social Media beteiligt waren.

Obwohl es für Social Media keine verbindliche, allgemein anerkannte Definition gibt, herrscht trotzdem weitgehende Einigkeit darüber, daß die Interaktion der Nutzer und das Verschwimmen der Grenze zwischen „Produzent und Konsument“ für die sozialen Medien maßgeblich sind (vgl. Social Media Kompaß des Bundesverbands Digitale Wirtschaft / BVDW). Damit diese Interaktion stattfinden kann, ist es imperativ, daß der Inhalt in entsprechende Netzwerke mit aktiven Nutzern eingebunden ist. Die Nutzung einer bestimmten technischen Plattform gewährleistet dies noch nicht.

Insbesondere bei Blogs ist es üblich, daß diese soziale Interaktion nicht innerhalb der gleichen Quelle stattfindet, aus dem der Inhalt stammt, sondern ein Leser reagiert nicht selten auf Inhalte anderer Nutzer in seinem eigenen Blog. Das Medium ist in diesem Fall also nicht das vereinzelte Blog, sondern die Gemeinschaft der Blogger insgesamt. Somit ist es für die Auswertung der Inhalte von entscheidender Bedeutung, erkennen zu können, daß das vorhandene Einzelangebot sich in eine Gemeinschaft integriert. Bei einem Autoritätswert von 3 ist davon bereits auszugehen.

Ist eine Quelle wiederum an solche Netzwerke angebunden, ist eine überdurchschnittlich hohe Autorität für die Relevanz der Inhalte nicht mehr zwingend notwendig. Ein Blog etwa, das nicht regelmäßig aktualisiert wird, verfügt in der Regel über eher niedrige Autoritätswerte. Doch ähnlich wie in sozialer Interaktion im realen Leben wertet dies die vorhandenen Beiträge des Autors nicht automatisch ab. Wird das Blog aber etwa wegen fehlender Bekanntheit nicht wahrgenommen, ist die soziale Interaktion nicht möglich.

Auch bei Diskussionsforen und Twitter spielt die Verlinkung, also die Aufmerksamkeit von Außen, eine Rolle zur Beurteilung der sozialen Komponente. Innere Merkmale, wie Nutzer- und Leserzahl spielen hier aber eine größere Rolle als bei Blogs. Dies wird von Sysomos bei der Zuordnung der Autoritätswerte für die einzelnen Beiträge berücksichtigt.

Als Abgrenzung zu den Social Media wird in dieser Studie der Begriff „redaktionelle Medien“ verwandt. Als definierendes Merkmal wurde hier eine klare Trennung einer produzierenden Redaktion, die im Namen des Mediums schreiben darf, von den konsumierenden Nutzern gewählt. Wegen der fehlenden verbindlichen Definition für Social Media ist auch ihre Negativmenge spiegelbildlich gleich unscharf einzugrenzen und es ist nicht möglich zu vermeiden, daß die Verortung vereinzelter Inhalte deswegen strittig bleibt. In der Praxis waren diese Fälle allerdings selten.

Angebote, die nur auf externe Inhalte verlinken, wurden nicht berücksichtigt, aus redaktionellen Online-Medien nur Inhalte aus Blogs oder Diskussionsforen codiert.

Als Zitierte Medien wurden Quellen erhoben, auf die sich die Autoren der analysierten Beiträge bezogen oder aus denen direkt zitiert wurde. Die Zitate wurden für jene Quelle codiert, die genannt oder auf die in den Links verwiesen wurde. Wurde neben der Originalquelle der Information auch sekundäre Quellen genannt, die sich mit der Originalinformation beschäftigten, wurden beide als zitierte Medien erfaßt. Sekundärquellen, wie etwa soziale Netzwerke, die auf die Originalinformation verwiesen haben, wurden nur erfaßt, wenn diese ausdrücklich erwähnt wurden.

Alle Media Tenor-Codierer wurden auch hier einem Reliabilitätstest unterzogen. Die Inter-Codierer-Reliabilität betrug für diese Analyse 87,1 Prozent und liegt damit deutlich über dem in der Wissenschaft üblichen Richtwert von 70 Prozent.

2. Die Entwicklung des Internets in Deutschland und die Rolle der Verlage von Fritz Goergen

Bei Inhalten setzen Verlage verstärkt auf freie Mitarbeiter. So oder ähnlich liest es sich oft in Beiträgen von Verlegern und über sie. Positiv wird der zunehmende Einsatz von Freelancern fast nur aus unternehmerischer Argumentation und negativ von den meisten journalistischen Federn eingeordnet.

Verlagssystem wird in den einschlägigen Lexika als die historische Arbeitsteilung zwischen zentralem Vertrieb durch den Verlag und dezentraler Produktion in Heimarbeit beschrieben. Der Verleger übernahm die Rolle, Rohstoffe, aber auch Produktionsmittel **vorzulegen**, die produzierten Güter zu sammeln und zentral zu vermarkten. Frühe Verlage konnten sehr groß sein, sie zählten oft mehrere Tausend Beschäftigte. Die Produktion war nicht auf den lokalen Markt ausgerichtet, die Massengüter zielten auf überregionale und internationale Märkte.

Kehren die heutigen Verlage zu ihren Ursprüngen zurück? Es wäre nicht das erste Mal, daß die Besinnung auf Anfänge in zeitgemäßer Anwendung besser und schneller zum Ziel führt, als am Alten festzuhalten, solange es nur geht, und dem Neuen nur nachzugeben, wo es gar nicht mehr anders zu gehen scheint. Eine solche Doppel-Strategie ist gefährlich, weil es nur zu menschlich ist, mehr Kraft in das Bewahren des Alten zu stecken als in Neues.

Daß die Natur des Internets dezentral ist, muß den Strategen zu Synergien inspirieren und kann den Operativen von der defensiven Sichtweise der digitalen Welt als Feind befreien. Ist nicht vielmehr das Internet die rechtzeitige Antwort auf die extrem komplexen Anforderungen an Kommunikation für lokale, regionale und globale Communities von allgemeinen und sehr speziellen Anliegen und Interessen zugleich, die mit Print, Funk und Fernsehen allein nicht mehr zufrieden zu stellen sind?

Vieles deutet darauf, daß sich eine Informations- und Kommunikations-Struktur entwickelt, die dem Schema von der Rolle des Verlegers früherer Jahrhunderte gleicht. Er besorgt den Rohstoff Informationen, läßt ihn von freien Journalisten zu Interessantem und Verstehbarem veredeln, führt die Qualitätskontrolle durch, verpackt die Markenprodukte maßgeschneidert in die richtigen Vertriebsformen und transportiert sie über die geeigneten Vertriebswege an klar definierte Kundengruppen. Ob die Verleger unserer Zeit die klassischen Verlage alleine bleiben oder ob sie mit Verlegern neuer Art konkurrieren wie mit *Google* oder *Apple*, ist wohl noch länger im Fluß. Auch, ob Verlage mit Endgeräte-Herstellern wie *Apple* kooperieren und den Suchmaschinen durch eigene, aber viel bessere Info-Aggregatoren den Rang ablaufen. Oder ob Masse und Klasse eigene, getrennte oder kooperative Wege gehen. Die Multimedia-Wertschöpfungskette sieht jedenfalls ganz anders aus als das historische Verlagsschema. Aber um Qualität geht es unverändert wie um die Frage von Agenda Setting und Meinungs-Führerschaft in den unterschiedlichen Segmenten, die sich immer noch weiter auffächern.

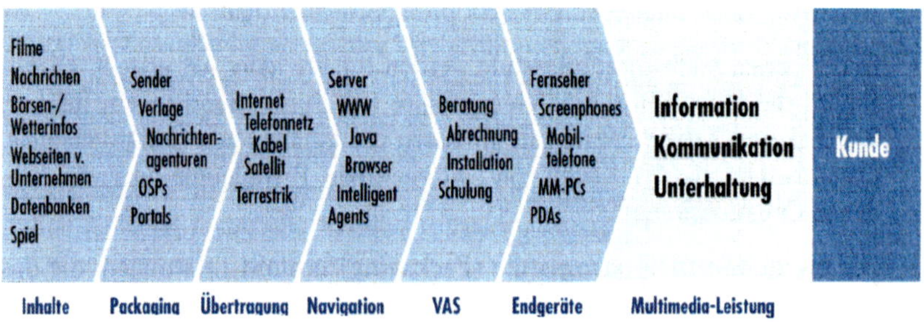

In der Gemeinschaftsstudie von *VDZ*, *KPMG* und *TU München*, „Neue publizistische Geschäftsfelder für Verlage“ vom Oktober 2010 lautet ein zentrales Ergebnis:

> *Die Zeitschriftenverlage verändern sich, aber die Verlagswelt wird nicht gänzlich auf den Kopf gestellt: Das traditionelle Print-Geschäft bleibt auch in Zukunft von großer Bedeutung, wenngleich auch im digitalen Bereich neue publizistische Geschäftsfelder erschlossen werden. Die Wettbewerbssituation wird sich nach Ansicht der Verlage ebenfalls nicht dramatisch än-*

> *dern. Andere Verlagshäuser bleiben die Hauptkonkurrenten – und zwar sowohl im Print- als auch im Online-Geschäft.*

Die Thesen von *Booz&Company* zu den Strategien von Verlagen auf den Zeitschriftentagen im November 2010 schließen nahtlos an:

> *1. Verlage können nur als Verlage überleben, wenn das etablierte Print-Modell, das auf Anzeigen- und Vertriebserlöse (= bezahlte Inhalte) gründet, als Kerngeschäft erhalten bleibt und als Basis für die Entwicklung von neuen Geschäftsmodellen dient.*
>
> *2. In der Zeit der ‚Massenintelligenz' und der ‚Massenkonkurrenz' durch das Internet heißt das: mehr Differenzierung in Print und/oder Adaption auf neue Endgeräte durch bessere inhaltliche Qualität und neue Services.*
>
> *3. Das stationäre Internet ist weitgehend für Paid Content verloren und wird Teil der zukünftigen ‚Free-Welt' sein, so wie das Fernsehen. Allerdings kann es als Marketing-Plattform für die weiterführenden Bezahl-Angebote dienen.*

Wird hier nicht der momentane Befund viel zu vorschnell in die Zukunft verlängert? News, die durch die Nachrichten geistern und oft schon 24 Stunden vorher durchs Internet, wird niemand verkaufen können, egal wie geschickt verpackt sie daherkommen. Aber spezielle Angebote zwischen Informationen und Unterhaltung finden ihre zahlenden Abnehmer, wie das Beispiel der Zeitschrift *Landlust* belegt. Print zeigt hier seine Wirkungsstärke bei einem Publikum, welches das haptische Erlebnis, Schönes in die Hand zu nehmen, mehrfach und über längere Zeit wiederholen können möchte. Das Haltbarkeitsdatum solcher Magazine ist nicht weit von Büchern entfernt. *Super RTL* macht mit seinem Bezahl-Angebot *Toggo.de* gute Umsätze, weil es die Interessen von Kindern auf einer breiten Palette trifft – und das auf eine von Eltern akzeptierte Weise. Wahrscheinlich wandert dieser Service erst zusätzlich und dann ganz als *App* in die mobile Nutzung. Aber wer weiß, ob die Tage des stationären Internet für die breite Masse nicht ohnedies gezählt sind. Warum sollte jedenfalls der Erfolg der Magazine, je spezieller, desto mehr, nur in der Print-Dimension gelten? Und nicht additiv und/oder alternativ *online*, als *App* und was noch alles kommen wird. Wie steht es um die Schnittmengen zwischen Special Interest-Magazinen in Print und TV? Große Reserven an Synergien – wo immer der Blick hinfällt.

Die Momentaufnahme dieses Prozesses in der Gemeinschaftsstudie von *VDZ, KPMG* und *TU München*, „Neue publizistische Geschäftsfelder für Verlage" vom Oktober 2010:

> *Als wichtigster Markt- und Umsatztreiber gilt dabei das digitale Geschäft, aber Anzeigen- und Vertriebsgeschäft waren mit zusammen 82 Prozent am Gesamtumsatz in 2009 noch immer die Haupteinnahmequellen der Verlage. Hier wird jedoch für die nächsten Jahre mit einem rückläufigen relativen Anteil am Gesamtumsatz gerechnet.*
>
> *Wachsende Umsatzanteile werden für das Online- und Mobilgeschäft erwartet: hier wurden im Jahr 2009 durchschnittlich rund 6 Prozent des Gesamtumsatzes erwirtschaftet. Bis 2013 soll sich der Umsatzanteil dieser drei Segmente auf 12 Prozent verdoppeln. Die Verlage sehen in ihrer journalistischen Kompetenz die Basis für den Aufbau neuer Geschäftsmodelle. Innovative Technologien gelten als zentrale Treiber der Entwicklung.*
>
> *Im Online- wie im Print-Geschäft sind nach wie vor andere Verlage die Hauptwettbewerber. Allerdings wachsen mit semiprofessionellen Content-Anbietern (d.h. Anbieter, bei welchen die Inhalte-Ersteller die Experten sind und dieser Tätigkeit zwar nicht hauptberuflich nachgehen, jedoch dafür eine Entlohnung erhalten, wobei die Inhalte noch auf Richtigkeit überprüft werden - wie z.B. Demand Media) und Google neue Konkurrenten heran. Apple wird im Gegensatz dazu eher als Kooperationspartner betrachtet.*
>
> *Bei der Erstellung von Inhalten setzen die Verlage in Zukunft verstärkt auf freie Mitarbeiter. Auch dem User Generated Content wird eine wachsende Bedeutung zugemessen. Der Anteil an festangestellten Mitarbeitern in den Redaktionen wird wohl weiter abnehmen.*

Restrukturierungen und Effizienzsteigerungen zur Kostenoptimierung sind bei den Verlagen weiterhin wichtige Themen. Diesbezüglich stehen die Zusammenlegung von Print- und Online-Redaktionen sowie die Bildung von Redaktionspools im Vordergrund. Die Verlage haben erkannt, daß eine Bündelung redaktioneller und technischer Kompetenzen auch im Hinblick auf die Herausforderungen bei der Übertragung von Print-Inhalten auf digitale Medien wichtig ist.

Rund 30 Prozent der Verlage haben bereits Paid Content und ePublishing eingeführt. Weitere 40 bis 45 Prozent planen dies für die Zukunft. ePublishing soll dabei sowohl durch Anzeigen- als auch Vertriebserlöse finanziert werden. Insofern soll das erfolgreiche duale Print-Geschäftsmodell in die digitale Welt übertragen werden. Paid Content funktioniert heute erst in Nischenmärkten und im Fachpresseumfeld, soll aber auch im Publikumszeitschriftenbereich ausgebaut werden.

Wachstumspotentiale im etablierten Print-Geschäft werden vor allem bei Sonderpublikationen der Stamm-Marke sowie im Corporate Publishing gesehen. Insgesamt läßt sich aus der Studie folgendes Bild des Verlags der Zukunft ableiten: journalistisch kompetent, multimedial und effizient in Produktion und Organisation.

Qualität, Qualität, Qualität könnte man das zusammenfassen – erfolgreiche Medienwirkung, die in jedem Segment auf zielgruppengerechte Inhalte in der passenden Form setzt, als bleibende Grundlage verlegerischen Erfolges unter sehr schnell wechselnden Bedingungen. Ob aber die einfache Übertragung des *dualen Print-Geschäftsmodells Anzeigen und Betriebserlöse* ins ePublishing die alleinige Perspektive sein kann, darf gemessen an der Vielzahl von zusätzlichen Versuchen in den Verlagen und um sie herum bezweifelt werden.

Die neuralgische Erlösfrage im Internet beschrieb Dr. Manfred Kops auf der Tagung des *Instituts für Rundfunkökonomie* und der

LfM NRW „Herausforderungen und Chancen Internet-basierter Medien“ am 17. 11. 2010 in Düsseldorf:

> *1. Die Finanzierbarkeit der traditionellen Medienentgelte ist durch die Internet-basierten Medien bedroht, sowohl für die direkten Entgelte als auch für die Werbeeinnahmen.*
>
> *2. Patentrezepte oder durchschlagende neue Erlösmodelle sind nicht in Sicht.*
>
> *3. Einer Ausweitung der direkten Entgeltfinanzierung von Medien stehen nicht nur die Schwierigkeiten zur Anwendung des Ausschlussprinzips entgehen, sondern auch allokative und distributive Bedenken:*
> *allokative Bedenken, weil eine Entgeltfinanzierung den individuellen (Konsumenten-)Nutzen in den Vordergrund stellt – zu Lasten des kollektiven (Bürger-)Nutzens der Medien,*
>
> *distributive Bedenken, weil die durch den Markt kontingentierte Teilhabe an der öffentlichen Meinungsbildung und öffentlichen Kommunikation die kommunikative Chancengleichheit beeinträchtigt.*
>
> *4. Eine teilweise Zwangsfinanzierung der Medien ist deshalb begründbar.*
>
> *5. Für den linearen Rundfunk war die Zwangsfinanzierung in Deutschland bis zur Einführung des dualen Systems auch die dominante Finanzierung; für die Internet-basierten Medien hat der Gesetzgeber die Bereitstellung durch den öffentlich-rechtlichen Rundfunk und damit auch die Zwangsfinanzierung aus der Rundfunkgebühr prinzipiell für zulässig erklärt. Für die Printmedien und die kommerziellen Veranstalter von linearem Rundfunk wird die Forderung nach einer Beteiligung an Zwangseinnahmen in Deutschland bisher nur vereinzelt erhoben.*
>
> *6. Die Berechtigung und der Umfang einer Zwangsfinanzierung der Medien sind aus der Leistungsfähigkeit einer dadurch ermöglichten nicht-marktlichen Bereitstellung im Verhältnis zur Leistungsfähigkeit einer aus Entgelten,*

Werbeeinnahmen und sonstigen Markteinkünften finanzierten marktlichen Bereitstellung abzuleiten.

Inhaltliche & formale Qualität und Haltbarkeit

Die Unterscheidung in *Anzeigen- und Vertriebsgeschäft* und *digitales Geschäft* signalisiert schon rein sprachlich die Abwesenheit des gesamtheitlichen Blickes: Um Texte, feste Bilder und bewegte geht es unabhängig von Plattformen und Formaten in allen alten und neuen Medien und um das Anzeigen- und Vertriebsgeschäft samt allen Erlösformen auch. Daß die Erlösfrage ganz vorne steht, liegt in der Natur der Sache. Irreführend kann es hingegen sein, neue Modelle nur durch die Brille der bisherigen Erlösformen zu sehen und zu suchen. Ein nüchterner strategischer Blick wird inhaltliche und formale Qualität zusammen mit Haltbarkeit der Produkte an den Anfang stellen. Qualität und Haltbarkeit von Inhalten und Präsentation begründen Erlösmöglichkeiten - in einem chaotischen und hektischen Umfeld wie dem oft viel zu schnellen Internet um so nachhaltiger.

Daß einer Zwangsfinanzierung von Medien über die öffentlich-rechtlichen Rundfunk- und Fernsehanstalten hinaus im Schosse einer Landesmedienanstalt das Wort geredet wird, ist noch ein Fingerzeig für die verzweifelte Suche nach Antworten auf den radikalen Umbruch in der Medienwelt und muß zugleich vor der weiteren Ausweitung des politischen Einflusses auf die Medien und damit auf die Informations- und Meinungsfreiheit warnen.

Bei der Frage nach Qualität und Haltbarkeit journalistischer Produkte landet jede Diskussion schnell bei einem ganz entscheidenden Unterschied ihrer Wirksamkeit im Informations- und Meinungsmarkt. Den Text des einzelnen Bloggers prüft in aller Regel niemand auf seine Seriosität in der Sache und haftet kein Haftungsfähiger für mögliche Folgen. Das fängt aber schon am Beginn der Kette dadurch an, daß der einzelne bei seiner Recherche kaum auf anderes als *Google* zurückgreifen kann. Bei *Google*, *Yahoo* usw. lassen sich aber jegliche Informationen systematisch nur aus drei Kategorien von Quellen finden:

- von Druck- oder Sende-Medien selbst eingestellten (identisch oder abweichend von Print und Sendung)
- von Organisationen und Institutionen (in ihrem Interesse, in ihrer parteiischen Sicht) Plaziertem
- von anderen Bloggern Veröffentlichtem mit ebenfalls begrenzten eigenen Quellen, die sie meist nicht nennen

Inhaltlich lebt online fast immer von offline

In den *Social Media* dominieren Hinweise auf Artikel, Kommentare und Sendebeiträge der offline-und-online-Produkte der „alten" Medien und der (bisher) wenigen etablierten reinen Online-Produkte sui generis: von *Huffington Post* bis *BILDblog*. Inhaltlich lebt *online* bis jetzt deutlich mehr von *offline* als umgekehrt – und im Agenda Setting auch. Die strategische Schwachstelle ist ein Journalismus, der aus mehreren Gründen in der Krise steckt.

Der Online-Journalismus wird nach dem übereinstimmenden Urteil von Kundigen überschätzt und gründet auf einigen, wenigen, deren Wirkung darin besteht, ihre Kollegen in den alten Medien geradezu zu zwingen, ihre Beiträge aufnehmen und bearbeiten zu müssen. In der Beeinflussung von Meinungsträgern liegt die Wirkung von Blogs wie *Stefan Niggemeier*: Seine Geschichte über *Konstantin Neven DuMont* wurde 3.646-mal kommentiert, bevor er die Kommentarserie selbst schloß. Von solchen Leserreaktionen träumt nicht einmal das Forum von Spiegel-Online. *Wir-in-nrw-blog.de*, von Ex-Print-Journalisten ins Leben gerufen, gelang es mit Hilfe von vielen Nachbetern im Netz lange, teilweise noch bis heute, weit hinein in die alten Medien den Eindruck zu erwecken, hier wäre *Jürgen Rüttgers* als Ministerpräsident gestürzt worden.

Der Blog transportierte brisante Informationen aus der Staatskanzlei in Düsseldorf in die klassischen Medien und damit in den Wahlkampf. Dort wurde der Stoff meist so ungeprüft übernommen, als käme er von einer Nachrichtenagentur, und kaum auf Stichhaltigkeit und Interessenzusammenhänge hinterfragt. Das Tempo der News-Szene erlaubt das auch gar nicht. Der Druck, die Meldung nicht der Konkurrenz zu überlassen, ist stärker als die Pflicht zur

Gegenrecherche. Diese strukturelle Schwäche zeigte sich bei *Twitter* Mitte Januar 2011 überdeutlich, als es 24 Stunden dauerte, bis das Gerücht von *Nelson Mandelas* Tod wieder langsam aus dem Netz verschwand. Nirgendwo ist es leichter, Unwahres unterzubringen als im Internet, und nirgendwo ist es schwerer - nicht selten erfolglos, Falschnachrichten von dort wieder zu entfernen: mit lange und tief nachwirkenden Meinungsfolgen. Paradox wie es ist, funktioniert es meist doch: Klassische Journalisten akzeptieren die Internetschreiber nicht als Ihresgleichen, aber deren News übernehmen sie um so schneller, je mehr sie hinterfragt werden müßten. Der Beruf des Journalisten ist im Umbruch. Beschaffung und Bewertung von Informationen und Meinungen und das Tempo des News-Umlaufs im Internet müssen erst noch eine ausgewogene Qualität von Wechselwirkungen finden.

Beruf Journalismus im Umbruch?

Keine Frage, das Internet befindet sich nach wie vor in den Kinderschuhen, ansatzweise im Flegelalter. Da ist es nur natürlich, daß Journalisten und Verleger samt ihren tatsächlichen und potentiellen Lesern, Hörern und Sehern meist noch nicht so richtig wissen, was sie vom Internet halten sollen – außer dem bequemen Emailen und Abrufen von Informationen, die für den Alltag nützlich sind. Solche Beobachtungen schließen allerdings jene Altersgruppen aus, die mit dem Internet so aufwachsen wie ihre Eltern mit TV und Telefon, Tageszeitung und Magazin. Die *Generation YouTube* denkt über Internet und *iPhone* nicht nach, sondern nutzt sie – täglich, stündlich; ein laufendes Fernsehprogramm daneben stört sie nicht. Eine Tageszeitung lesen Jugendliche kaum. Die Blogger- und Twitter-Szenen sind ihr zuhause, viele verstehen sich als Teil eines Bürger-Journalismus – vor allem auch im Engagement in der weiter wachsenden NGO-Landschaft. 99 Prozent der 18- bis 24-Jährigen sind im Internet unterwegs. Aber mittlerweile nutzen auch insgesamt 74 Prozent Deutsche das Netz: Von ihnen rufen 60 Prozent TV-Sendungen und Videos online ab – Jugendliche zu fast 100 Prozent.

Circa 50.000 hauptberufliche Journalisten zählt Deutschland: Um 15.000 fest angestellte gibt es bei Tageszeitungen, je 9.000 beim

Funk und bei Zeitschriften; jene in Agenturen, Online-Redaktionen sowie freiberufliche Text-, Ton- und Bildarbeiter sind nicht bezifferbar. Parallel zum wachsenden Einsatz von freien Mitarbeitern klagen Kritiker über fallende Honorare und Vertragsumstrukturierungen bei Korrespondenten im In- und Ausland. Als Folge würden alle für möglichst viele arbeiten und in einem Minimum an Zeit ein Maximum an Text liefern – zu Lasten von Recherche und Nachdenken. Das Wort vom journalistischen Prekariat geht um. Dabei sollten gerade Journalisten wissen, daß die *Arbeit der Zukunft* als Prototyp nicht mehr den Festangestellten des vergangenen Jahrhunderts haben, sondern durch eine bunte und breite Palette von Freien, festen Freien, für ein oder mehrere Projekte befristet Festen und so weiter geprägt sein wird. Wie ein Experte pointiert formuliert: Häuptlinge werden für längere Zeit fest verpflichtet, Indianer ad hoc angeheuert, aber natürlich nur gut trainierte. Je mehr Inhalte von Freien geliefert werden, desto mehr Anforderungen an die inhaltliche Qualität werden die Verlage auf ihre fest angestellten Qualitätsprüfer legen müssen. Auch wenn diese Funktion extern gemacht werden kann: Die Endkontrolle bleibt interne Verantwortung.

Qualitäts-Journalismus versus Medien-Tempo

Journalismus-Wissenschaftler in Leipzig haben die Arbeit von 235 Journalisten in Zeitungen, Funk, TV und Online-Redaktionen analysiert. Mit dem Ergebnis, daß für *Überprüfungs- und Erweiterungsrecherchen* täglich durchschnittlich 108 Minuten Zeit ist, für *Qualitätskontrolle* 11 Minuten und für Gänge ins wirkliche Leben 1,4 Prozent. Parallel hat die US-Studie *The Curse oft he Mogul* die 15 Größten der Weltmedienindustrie mit dem Ergebnis unter die Lupe genommen: pathologische Hybris, überzogene Ambition, chronische Selbsttäuschung. Seit dem Jahr 2000 seien so 200 Milliarden Dollar mit strategisch falschen Investitionen in den Sand gesetzt worden. Zu solchen Feststellungen gesellt sich beißender Spott wie der des früheren Redakteurs und Münchner Oberbürgermeisters *Christian Ude*: *Journalisten irren nie, sie sind nur dedicated followers of fashion. Christian Bommarius* von der *Berliner Zeitung* setzt dem die Krone auf: *Der Journalismus leidet nicht an fehlendem Geld, sondern an fehlendem Journalismus.*

Wer da immer Henne, wer Ei ist, Zufall jedenfalls nicht, daß die globalen Umbrüche von Wirtschaft, Politik und Medienwelt sich gegenseitig beschleunigen und dabei noch keine klaren Konturen erkennen lassen, wie, wo und wann das alles wieder in klarere Bahnen kommen kann oder ob der rasante Wechsel Dauerzustand wird. Vorauszusagen, daß es mindestens noch eine ganze Weile dauern wird, bis alle Seiten mehr Durchblick haben, ist risikolos richtig. Da kann auch nicht mehr überraschen, daß *Allensbach* ermittelt hat, fast 40 Prozent aller Deutschen fühlen sich durch die Fülle des Print-Funk-TV-Online-Angebotes verwirrt und vermissen die Orientierung für das wirkliche Wichtige.

Orientierung braucht Qualität

Orientierung und journalistische Qualität gehören nach dem Urteil aller, die sich ernsthaft mit der Sache befassen, zur *Unique Selling Position* von Verlagen - bilden ihr Kerngeschäft. Nur wer hier als Wettbewerber ernst zu nehmen ist, muß mittel- bis langfristig im Fokus stehen. Vom Faktor Geschwindigkeit, dem das Internet eine radikal neue Dimension gibt, ist viel die Rede. Zu wenig Aufmerksamkeit findet der Faktor Haltbarkeit. Nahezu alle Neuigkeiten im *WorldWideWeb* lohnen keinen Gramm Druckerschwärze. Kaum trocken landen neue News im Netz. *Google* ist nicht einmal in der Lage, neue und weniger neue in eine zuverlässige Reihenfolge zu bringen, geschweige denn nach Relevanz zu ordnen. Die Maßstäbe für das Wichtige und Seriöse im Informations- und Meinungsmarkt verschwimmen.

Nicht den Faktor Orientierung, aber den Faktor Meinung hat *Spiegel-Online* offenkundig mit einem für ihn recht scharfem Strategiewechsel im Sinn. Mit gleich sechs Kolumnen wird den Meinungen der Schreiber täglich so viel Platz eingeräumt wie in diesem Magazin nie zuvor. Daß damit künftige Debatten (mit)bestimmt werden sollen, ist ein klares Ziel. Spiegel-Autor *Jan Fleischhauer*, freie Autorin *Steffi Kammerer* (Süddeutsche Zeitung, New York Magazine, Park Avenue und stern), Webstratege *Sascha Lobo*, Verleger *Jakob Augstein*, Spiegel-Autor *Georg Diez* und Schriftstellerin *Sibylle Berg* bilden eine geballte Meinungs-Ladung. Das ist geklotzt, nicht gekleckert.

Der Hype um Apps

Kerngeschäft: Verlage können nach *Haltbarkeit* entscheiden, was sie wo zu welchem Preis drucken, kostenfrei online stellen, zu einem fairen Tarif anbieten oder welchen klugen Mix sie ihrer Vertriebspalette sonst geben. Je länger die Haltbarkeit, desto höher der journalistische Aufwand, also auch desto mehr Zeit - und „Lohn" für alle in der Wertschöpfungskette. Warum sollte die Rechnung nicht aufgehen, sobald sich der Hype des Kostenfreien tot gelaufen hat, weil Qualität immer ihren Preis hatte und hat. Ein Preis, der auch immer bezahlt wurde und wird. Zu entscheiden ist doch immer ***nur***, ob direkt oder indirekt und wenn zweites, dann an welcher Stelle. Wie wichtig die Frage WO geworden ist, zeigt kaum etwas dramatischer als der Unterschied zwischen der stationären Nutzung des Internets und der mobilen. Der große Anfangserfolg der *Tagesschau-App* spricht hier eine deutliche Sprache.

Die Entscheidung des Bundesverfassungsgerichts beurteilen viele als Parteinahme für die Öffentlich-Rechtlichen. Die verwendete Formel ist auch wirklich auffällig biegbar:

> *Die Veröffentlichung von Druckwerken mit vorwiegend programmbezogenem Inhalt ist von der Rundfunkfreiheit gedeckt, wenn sie dem Aufgabenkreis des Rundfunks als unterstützende Randbetätigung zugeordnet werden kann.*

Strategisch lohnt es sich in nächster Zeit wohl nicht, rechtliche Beschränkungen für die zwangsfinanzierten Medien einzufordern.

Viel erfolgversprechender dürfte es sein, ihnen einfach durch den gekonnteren Einsatz der neuen Möglichkeiten der Multimedia-Wertschöpfung zu zeigen, wo die Stärken der Privaten denen der Quasi-Staatlichen überlegen sind. Das bietet sich nicht allein, aber auch deshalb an, weil die *Tagesschau-App* ihren Erfolg gar nicht dem Content, sondern dem bequemen Zugang und unterhaltsamen Mix der Tools verdankt. Ganz und gar wie Fernsehen selbst, trifft die App die passive Einstellung seiner Kundschaft. Schon die Tagesschau am Fernseh-Bildschirm ist keineswegs aktuell im Vergleich zu den InternetNews – obwohl die Hamburger Tagesschau-Redaktion 80 Köpfe zählt. Aber – die strukturelle Mehrheit passiver Zuschauer kriegt ein appetitliches Paket geliefert, das ihm selbst sowie – nicht zu vergessen – seiner Umgebung (!) Informiertheit suggeriert. Die bedenkliche Begleiterscheinung der fehlenden Qualität und Aktualität geht beim netten Unterhaltungserlebnis unter.

Apps – eine Art TV unterwegs

Wer morgens Straßenbahn fährt, kann dem Wandel zuschauen. Wer in der Morgenzeitung anderer mitlesen will, muß sich gegenüber setzen. Wer an der App teilhaben will, plaziert sich neben dem Mitreisenden. Die Multinutzer stellen sich hinter die Quelle. Und die Freaks zeigen sich ihre Dinger wie Trophäen gegenseitig. Wer das sieht, fühlt sich an ein berühmtes Wort erinnert, das der New Yorker Medienwissenschaftler Neil Postman vor 25 Jahren als Titel einer Streitschrift wählte: *Wir amüsieren uns zu Tode – Urteilsbildung im Zeitalter der Unterhaltungsindustrie.*

Die *Tagesschau-App* bietet nicht mehr als das, was sonst am PC seit Jahren abrufbar ist: Top-Meldungen aus Politik, Wirtschaft und Kultur – als Texte, Fotos und vor allem Videos. Dazu Live-Streams der Sendungen, die Tagesschau in 100 Sekunden und die laufend aktualisierte *Tagesschau 24* – die trotzdem weiter der Aktualität von Web-News keinen Deut näherkommt. Wer die Angebote im Internet über seinen Hybrid-Fernseher anwählen kann, kennt das alles schon. Die *Tagesschau 24* gibt es auch auf *tagesschau.de*. Sie dauert um die 15 Minuten - News, die einen nicht interessieren, kann man überspringen. Die eigentliche Wirkung aber entfaltet dieses Format erst jetzt, *mobil* - weil viele Menschen unterwegs viel mehr Zeit haben, sich mehr Zeit nehmen oder schlicht langweilen, weil sie Stille nicht kennen und einmal Innehalten verlernt haben. Wo bisher nur mobil Telefonieren, Simsen und Surfen die Lücken füllten, tritt die *Tagesschau-App* hinzu - angenehm passiv, ohne eigenes Zutun. In dieser Nachbarschaft des Zeit-Totschlagens wird sie ihre Besonderheit schnell einbüßen und sich zu den älteren Instrumenten gesellen als eine unter anderen. Neue Medien, Tools, Geräte und Plattformen dürfen den Blick dafür nicht verstellen, daß sie den bisherigen fast immer nur einen neuen Platz im Mediamix zuweisen, statt sie ganz zu verdrängen.

Der stets neue Medien-Mix

Nichts beleuchtet das schöner als das vergessene Medium *Teletext*, dessen Dienst täglich 16 Millionen Menschen in Deutschland in Anspruch nehmen. Es ist für vieles nebeneinander Platz. Wie sich ein relativ altes Medium wie Teletext mit einem neuen intelligent kombinieren läßt, demonstriert *SuperRTL*, indem *Twitter*-News während der Sendung von *glee* in dessen Teletext importiert werden. Das ermöglicht besonders jüngeren Zuschauern – ganz auf ihre Gewohnheiten abgestellt, Diskussionen online am Fernsehschirm gleich mit verfolgen und mit Freunden darüber kommunizieren zu können.

Nicht der Inhalt, sondern die Form ist es, was die *Tagesschau-App* attraktiv macht. Insofern taugt sie als Lektion für alle, die sich noch nicht entschieden haben - wohin. Aktuelle Videos zwischen den Meldungen lockern auf, im Unterschied zu den vielen bisherigen Apps ohne eigenes Zutun des Users – technisch ausgereift wie bei der *App* von *BILD*, wo Fotogalerien und Clips in die Stories eingeklinkt werden. Einen zusätzlichen Wettbewerbsvorteil hat sich die *ARD* mit ihrer *Tagesschau-App* für einige Zeit gesichert, weil sie nicht nur mit Geräten von *Apple* läuft, sondern auch auf *Blackberries* und *Handys* mit der *Google*-Plattform *Android*. Aber das dürfte bald allgemein üblich werden. Wenn Apple an Apps zu viel mitverdienen will, um so schneller. Beobachter warten auf die Konkurrenzangebote der Verlage, die zugleich besser im Inhalt und schneller in der Präsentation sind.

Apple vor Strategiewechsel?

Sehr aufmerksam hat die ganze Kommunikationsbranche registriert, daß die neue *ARD*-Vorsitzende Monika Piel unter Hinweis auf die gleiche Position von *Springer* den Verlagen gemeinsame Plattformen zur Vermarktung von Inhalten im Internet anbietet – ausdrücklich als eine *Allianz der Qualitätsanbieter* im Wettbewerb mit *Google* und *Apple*. Will die *ARD* tatsächlich eine gemeinsame Strategie gegen zwei global agierende digitale Großmächte oder geht es ihr nur um einen bauernschlauen Weg zu mehr Einnahmen für die Öffentlich-Rechtlichen? Wollen sie mit dieser Verlockung die Verlage nur dazu kriegen, für ihre News-Apps Geld zu nehmen, damit das für die *Tagesschau-App* auch geht? Vielleicht unterstellten die Medien mit der Nachricht und ihren Interpretationen auch viel zu viel, was einfach nur als freundliche Beruhigungspille ohne Nebenwirkungen gemeint ist.

Den Verlagen wird auf ihren Vorwurf der Wettbewerbsverzerrung entgegengehalten, sie wollten mit dem *iPad* und ähnlichen Geräten die bisher im Internet verschenkten Inhalte neu verpacken und verkaufen, also sozusagen den eigenen Fehler von Gratiskultur rückgängig machen. Die *Tagesschau-App* würde diese Pläne durchkreuzen. Die Kritik der *FAZ*, daß die kostenfreie *Tageschau-App* keine anderen Inhalte liefert als *tagesschau.de*, kontern Kritiker: Eigene Inhalte für eine kostenpflichtige *App* hätten den Vorwurf der Wettbewerbsverzerrung völlig zu recht nur noch verstärkter auf den Plan gerufen, weil Öffentlich-Rechtliche keine Produkte zum Verkauf mit Gebührengeld herstellen dürfen.

Die Argumentationslandschaft ist nicht zuletzt dadurch kompliziert, daß einzelne Verlage in ihrer natürlichen Konkurrenz untereinander entgegengesetzte Strategien verfolgen. Kaum eine kostenlose News-Plattform hat ein breiteres Angebot als *Spiegel-Online*. *Axel Springer* hingegen erprobt Bezahl-Inhalte und neigt ganz zu Zahlmodellen. Mit der iPad-App für sein regionales *Hamburger Abendblatt* schlägt *Springer* einen neuen Weg ein - mit einem bunten Strauß von 24 Storys täglich: je acht aus Hamburg, dem Norden und aus *Deutschland und der Welt*. Ressortgrenzen spielen bei dem Mix keine Rolle. Fotos – darunter eine 12-teilige Strecke mit den Bildern des Tages – und Videos vervollständigen die Berichte iPad-gemäß. Die iPad-App gibt es im Abo - die im Dezember begonnene iPhone-App des *Abendblattes* (noch) gratis. Die Neuheit zeigt interessante Nutzer-Details im Quer- und Hochformat. Hält man das Tablet hochkant, verschwinden die Fotos, der Text ist dadurch gut zu lesen. Als scheinbar nebensächliches technisches Detail, das bei der Konzentration auf den Inhalt hilft, kann das für die Stärke der Verlage als Produzenten von inhaltlicher Qualität gar nicht hoch genug bewertet werden.

Apps werden normal

Mit ihrer iPad-App hat die *Frankfurter Rundschau* unabhängig von ihrer sonst gar nicht mehr abreißenden Schrumpfkur schon im September 2010 überraschend Maßstäbe gesetzt. Quer gehalten geht die App in den Multimedia-Modus und fügt interaktive Grafiken sowie Bilder-Galerien in eine Geschichte ein. Nicht zuletzt die Verknüpfung des iPad-Teams mit der Print-Redaktionsarbeit scheint dem digitalen Auftritt gut zu tun. Wer weiß, ob die *FR* von diesem Asset nicht langfristig insgesamt profitieren wird. Daß die *FR-App* von Anfang an bezahlt werden mußte, kann in jeder Hinsicht nur von Vorteil sein. Bei G+J soll der Glaube an die kostenlose iPhone-App für den *Stern* kleiner geworden sein. Beim *Spiegel* ist man froh, sich von Beginn an für die Bezahllösung entschieden zu haben. Ob die Entscheidung noch einmal für das weitegehend kostenlose Online-Angebot fiele, darf bezweifelt werden.

Seit Einstellung von *focus-mall.de* im September 2010 verzichtet *Focus* auf jedes E-Paper. Burda hat keine App vor, sondern sieht den *digitalen Focus* über den Multiplattform-Kiosk *zinio.com* im Internet-Browser und über dessen iPhone- und iPad-App als bessere Lösung. Damit spart man eigene Apps und gewinnt Unabhängigkeit von einzelnen Herstellern. Der Digital-Focus kostet gleich viel wie die Print-Ausgabe. Burda, interessant radikal in seinem alternativen Herangehen an die Dinge. Die abnehmende Neigung, für Apps zu zahlen, wird auch ihre Wirkung auf die weitere Diskussion zeigen. Dagegen werden nur inhaltliche Güte und Tempo zugleich helfen.

Wer will wofür zahlen?

Tomorrow Focus stellte in seiner Studie *Mobile Effects 2011* fest, daß im Unterschied zu 2010 nicht mehr 35 Prozent der Befragten für mobile Programme bezahlen wollen, sondern nur noch 26,6 Prozent. Sind Apps teurer als zwei Euro, surfen User lieber mobil im Internet, was insgesamt inzwischen 44,5 Prozent tun anstelle von 32,1 vor 10 Monaten – durchschnittlich eine Stunde täglich. Ein Drittel nutzt gar keine Apps, fast 50 Prozent aber in der Hälfte ihrer Online-Zeit. *iPad*-Besitzer nehmen ihr *Tablet* zu fast 100 Prozent täglich in Betrieb 81,3 Prozent zum Zeitungslesen, 50,8

Prozent für Magazine. Das sind jedem Dritten fünf bis zehn Euro monatlich wert, 13,5 Prozent würden auch mehr zahlen - nur ein Viertel gar nichts. Die dritte Studie in Reihe liefert interessante Entscheidungshilfen zu Qualitätswirkung und Wirkungsqualität.

Die *Dortmunder Ruhr Nachrichten* gibt es nun im Abo als eigene *iPad-App*. *Lensing-Wolff* geht diesen Schritt mit seiner regionalen Tageszeitung als erster Verlag in Westfalen. Die *ZEIT* zimmert an einer integrierten *App* von kostenlosen Online- und kostenpflichtigen, weil exklusiven Print-Inhalten. Und das *Handelsblatt* setzt mit seiner App interessante Maßstäbe.

Die exklusiven Meldungen werden demnach vorab bei *Handelsblatt First* veröffentlicht – der Zeitvorsprung als Anreiz. Meldungen aus Unternehmen, Finanzen und Politik werden ohne Redaktionsschluß Tag und Nacht eingestellt. Ob nur News oder mehr entscheiden die User durch ihre Einstellungen selbst. Videos berichten von Börsenplätzen, erklären Entwicklungen in der Banken- und Versicherungsbranche und interviewen CEOs. 99-Sekunden-Beiträge aus Unternehmen, Finanzmärkten und Politik präsentiert TV-Moderatorin *Aline von Drateln*. *Handelsblatt First* in Apples App Store ist dank Sponsor *Siemens* zum Start kostenfrei und kostet danach 11,99 Euro im Monats-Abo – bald wird es kaum noch Tageszeitungen und Magazine geben, die keine digitale Erscheinungsform haben. Oder genauer: Nur jene, die sich gezielt für die reine Print-Existenz aus strategischen Gründen der Alleinstellung in der Qualität von Form und Inhalt sowie bei der Haltbarkeitsdauer entscheiden.

Die *Ganske Verlagsgruppe* verfolgt ihre digitalen Geschäftsziele auf getrennten Wegen. Bei *iPublish* geht es um mobile Content-Vermarktung wie Reise- und Navigationsangebote. Im Focus von *4 Seasons Digital Net* stehen Programmieren und Produktion von Inhalten der ganzen Gruppe. Vor allem Lizenzen und Bezahlservices beschäftigen die *Jalag-Unit Neue Geschäftsfelder*. *Ganske* ist interessanterweise zusätzlich für andere tätig. Die iPad-App des Szenemagazins *Blue* ist Ganskes Werk wie 130 Apps im Apple-Store insgesamt. 50 *E-Magazine* – darunter *Prinz*, *Top Guides* und *Meine erste Wohnung*. 100 *eBooks* für iPhone und iPad runden die Palette ab. Andererseits kauft Ganske aber auch extern Service ein: bei *Spiegel QC* z.B. für *Merian.de* und bei *Glam Media* Frauensites. Alles unter einem Dach soll erst Platz greifen, wenn die Verlagsgruppe sich online groß genug fühlt und mehr Klarheit in der Richtung der ganzen Entwicklung herrscht. Inhalt, richtig transportiert, entfaltet Wirkung.

Wie lange noch mit Apple?

Die *Ganske Verlagsgruppe* setzt auf die Kooperation mit *Apple* und ist von der Zahlungswilligkeit der User überzeugt. Inhalte vorausgesetzt, die für bestimmte Nutzer ein Muß sind wie das Magazin *Feinschmecker* für Gastronomen, Hobbyköche und Genießer. Sind die richtigen Inhalte für die passende Zielgruppe gefunden, müssen Preis, äußere Form und Geräte in der richtigen Kombination eingesetzt werden – wobei dem Komfort des Bezahlvorgangs immer mehr Bedeutung zukommt – wie bei dem ausgeklügelten und bewährtem Instrument *Click and Buy* bei *Amazon*.

Daß *Spiegel-Online* und *Bild.de* die Click-Liste der Online-News ganz weit vor allen anderen anführen, ist nicht mehr neu. Daß sich die Schere zwischen den beiden mit überdeutlicher Tendenz zugunsten von *Bild.de* weiter öffnet, dann doch. Daß hier kein Zufall waltet, wird bei einem näheren Blick auf die verschiedenen Online-Strategien augenfällig. Seine Mega-Zuwächse erzielte *Bild.de* bei den Themen *Lena Meyer-Landrut*, Bundespräsidentenwahl, Fußball-WM und Gruben-Unglück in Chile. Darüber berichteten alle. Aber *Bild.de* stellt bei dieser Größenordnung von Themen seinen ganzen Auftritt um: gar nichts dergleichen, noch nicht einmal ansatzweise bei der Konkurrenz. *Spiegel-Online* und die anderen zwängen auch Mega-Themen in ihr starres Korsett. Gleichzeitig ist niemand so breit auf vielen Kanälen zu finden wie *Bild* insgesamt. Diese *Multi-Channel-Strategie* bewirkt eine überdurchschnittlich hohe digitale Durchdringung mit dem Ergebnis einer ebensolchen Gesamtreichweite. Das lohnt offensichtlich, weil es die Wirkung gleicher Inhalte durch wechselnde Verpackung mehr Aufmerksamkeit verschafft und durch breitere Wahrnahme vervielfacht.

Permanent neue Produkte

Auch sonst steht das Rad nicht still. Mit schöner Regelmäßigkeit erscheinen neue Produkte, die regelmäßig dann Erfolg haben, wenn ihre Wirkung auf klare Interessen und Neigungen abgestellt ist:

- Der Kindertitel *Yakari* als zweimonatliches *Activity Booklet* zur gleichlautenden *Kika*-Serie: Seine tragende Figur, der Indianer-Junge kann mit Tieren sprechen. *Yakari* transportiert Rätsel, Spiele, Ausmalbilder, Poster, Postkarten und einen Tattoo-Bogen. Auf Mädchen von acht bis zwölf zielt das Magazin *Beste Freunde* mit Tips, Freundinnen zu überraschen. Das Einmal-Magazin *Eiszauber* liefert Spaß im Winter. (Alle drei vom Verlag *Blue Ocean Entertainment.*)

- Ein neues Heft für werdende Mütter ist *mum – The first magazine for modern mums* – von *Luna Media*, die bereits das Magazin *Luna* für Kindermode herausgibt. Dazu gibt es als Beilage *Little Luna*, jährlich *Luna Play* und *www.lunamag.de.*

- Das kultige *Vespa Magazin* erscheint wieder am Kiosk – durch die *Motoretta* Verlags- und Mediengruppe in Recklinghausen. Nostalgie plus Reparaturtips stehen auf dem Programm. Der Verlag liefert auch die Hefte *Motoretta* und *Scooter Test* sowie mehrere Kataloge.

- Dem edlen Männermagazin *Gentlemen's Quarterly* verpaßte der *Condé Nast Verlag* als erstem deutschem Magazin seiner Art eine iPad-App: kostenlos für den Beginn, demnächst als Abo. Texte lesen und hören, Videos, Kino-Trailer, Probefahren mit Porsche usw. gehören zu den Annehmlichkeiten. Eine iPhone-App gibt es schon seit 2009. Und die iPad-App für die Zeitschrift *Vogue* aus demselben Verlag findet sich in den iTunes.

Ohne App und Apple

Bei *Burda* steht jenseits von App oder nicht App eine neue Online-Ausrichtung an. Nach dem großen Erfolg von *Holidaycheck.de* soll mehr auf Transaktions-getriebene Startups gesetzt werden als auf Content-getriebene. Auch Web-TV hat *Burda* im Fokus. *DLD Ventures*, ein Zweig von *Burda Digital*, besitzt nun die Mehrheit an der Video-Plattform *Sevenload.* Bereits auf den *VDZ-Zeitschriftentagen* hatte Verleger *Hubert Burda* mitgeteilt, daß er 2011 einen Boom der Web-TV-Werbung erwartet. Es führen eben verschiedene Wege zur Wirkung.

Die erste Welle der Publikumsreaktionen auf die *Tagesschau-App* fällt breit und positiv aus. Der Blick auf die Leserkommentare bei Online-Begleitern und -Ablegern der Print-Medien läßt vermuten, daß es dabei nicht bleibt. Der Trend, dieses Kommentargeschehen in *Social Media*-Plattformen wie *Facebook* zu verlegen, spricht für sich selbst. Bei nicht wenigen Print-Medien ist immer öfter nach dem Online-Artikel ungefähr folgendes zu lesen: *Aufgrund von technischen Schwierigkeiten bleibt die Kommentarfunktion vorerst geschlossen. Wir bitten um Ihr Verständnis.* Es ist naiv anzunehmen, die regelmäßigen Besucher solcher Seiten würden den Braten nicht riechen; sie werden wegbleiben. Denn die Häufigkeit eines solchen Verfahrens wirkt wie eine Vorstufe der generellen Abschaltung. Dann ist es wirkungsvoller auszulagern. Der regelmäßige Blick in die Güte der Leserkommentare läßt dafür großes Verständnis aufkommen. Selten entsprechen Leserkommentare einigermaßen der Güte des Kommentierten. Wirkung und Wechselwirkung der Qualität suchen noch nach ihrem Lot.

Schluß mit eigenen online-Kommentar-Funktionen?

Für die inhaltsgleichen oder abweichenden Online-Töchter von Printmedien ist der Blick auf die Kommentare ihrer Leser ein aufwendiges Geschäft. Die dafür nötigen Personalkosten waren zu Beginn vor allem in ihrer rechtlichen Dimension der Haftung für Leserkommentare nicht erkennbar. Sonst hätten wohl die meisten damit gar nicht erst angefangen. Bei den einzelnen Medien haben sich oft online so etwas wie Debatten- und Kontaktgemeinden gebildet, die den konkreten Artikel fast nur noch zum Anlaß nehmen, sich untereinander auszutauschen, miteinander zu *chatten*. Solches *socialising* fing hier schon an, bevor *Facebook* usw. das zu ihrem Geschäftsmodell entwickelten. *Social Media* sind denn auch in aller Munde, auch wenn sie noch in den Kinderschuhen der Kommunikation stecken wie das Internet insgesamt. Bis sich hier Qualitätsmaßstäbe bilden und durchsetzen, dauert eben viel länger, weil es um menschliches Verhalten geht und nicht um Technik.

450.000 Tablet-PCs wurden 2010 in Deutschland verkauft, meldet *Bitkom*. Mit 1,7 Millionen Exemplaren sank zugleich der Absatz kleinerer Netbooks um 12 Prozent. Sie konkurrieren direkt mit den neuen Tablet-PCs bei Kundengruppen, die ihre Geräte mobil einsetzen. Zwei Drittel des PC-Marktes stellen tragbare Computer. 9,5 Millionen mobile Computer im letzten Jahr sind ein Zuwachs von 16 Prozent. PCs insgesamt erwarben 13,7 Millionen Kunden – ein Plus von 13 Prozent. Die Verkaufszahl von Apple-iPads 2011 wird auf 500.000 Stück geschätzt. Manche Marktforscher erwarten aufgrund von Internet-Umfragen sogar zwei Millionen bis 2012. Jedenfalls steckt auch in dieser Bilanz und Prognose der eindeutige Trend weg vom stationären Computer und Internet, hin zum mobilen Nutzerverhalten. In ihm stecken Fingerzeige über Fingerzeige für die Entscheidungen von Verlagen über Inhalte, Plattformen, Plätze und Preise für die Wirkung unterschiedlicher Inhalte.

Angesichts dieser Entwicklung kann nicht überraschen, daß über zwei Drittel aller Führungskräfte in Deutschland sicher sind, mobiles Internet, iPhones und iPads werden binnen drei Jahren für Marketing und Vertrieb eines Unternehmens ebenso wichtig sein wie das stationäre Internet. Vier von fünf Entscheidern sehen nach einer Studie von *Sempora Management Consulting* darüber hinaus in Tablet-PCs wie dem iPad eigene Marketing- und Vertriebskanäle. Der große Vorteil liegt nach Meinung der Befragten in der bequemen und einfachen Bedienung, was den Weg zu neuen – vor allem älteren – Zielgruppen öffne. Eine Bestätigung findet sich im Internet-Markt *eBay*: Das iPad ist dort eindeutig jenes Gerät, auf dem nicht nur die meisten Produkte besichtigt werden, sondern auch gekauft. Die Experten sehen bei Kundenbetreuung, Vertrieb und Marktforschung in der Rolle der mobilen Geräte und Wege den besonders schnellen Bedeutungszuwachs. Zugleich sehen im Einsatz von Applikationen 85 Prozent der Führungskräfte das Potential für Umsatzsteigerungen. Setzt man diese Einschätzung in Relation zur Tatsache, daß noch nicht jedes vierte Unternehmen seinen Kunden überhaupt schon Apps anbietet, werden die Handlungslücken deutlich und die Größen der Wachstumsmärkte für den Transport von Informationen und Meinungen.

Facebook mit eigenem Browser

Internet Explorer, *Firefox*, *Chrome*, *Opera* und *Safari*: Der Browsermarkt scheint gesättigt. In regelmäßig kurzer Zeit haben es neue Anbieter aufgegeben, eigene Browser zu entwickeln. Wenn *Facebook* nun einen eigenen Browser *RockMelt* startet, unterstreicht das den Kampf um die Marktanteile sozialer Großnetze. Der neue Browser fußt auf der offenen Plattform von *Google Chrome* und ist maßgeschneidert für die User von *Facebook* und *Twitter*. Nach Installation verknüpft der User den Browser mit seinem Social Network-Account - einmaliges Anmelden genügt. Dann werden *Facebook*-Kommentare, Postings, Statusmeldungen, Fotos, Freunde, usw. in eigenen Spalten im Browser-Fenster angezeigt. Der User bleibt immer auf dem Laufenden, ohne zu *Facebook* oder *Twitter* wechseln zu müssen. Ein *Share*-Button neben der Adreßzeile ermöglicht kurze Informationen auf *Facebook* zu posten, ein eigenes Suchfeld inklusive Kurz-Vorschau rundet den Komfort ab, Informationen und Meinungen auszutauschen: Eine Einladung, auf eigene Inhalte und Formate hinzuweisen und seine Medienwirkung kostengünstig zu erhöhen. Agenturen neigen zum gemischten Einsatz von Anzeigen auf *Facebook* in zeitlich kluger Kombination von gezielten, abgestimmten, auf einander antwortenden Einträgen normaler, privater *Facebook*-Freunde.

Facebook macht es mit *RockMelt* der wachsenden Schar von Usern noch viel leichter, *ihr* soziales Netz gar nicht mehr verlassen zu müssen, sich noch bequemer in ihrer virtuellen Welt aufhalten und bewegen zu können. Welche Auswirkungen das Leben vieler Menschen in solchen Parallelgesellschaften haben wird, oder ob es einfach zu den anderen, gewohnten Welten hinzutritt, steht auf einem anderen Blatt. Kosten jedenfalls soll *RockMelt* den User nichts. Finanzieren will *Facebook* den eigenen Browser wie *Mozilla* seinen *Firefox* über die Anbindung an eine Suchmaschine (*Google*, *Bing*). Auf *Facebook*, manche machen sich das nicht klar, wenn sie darüber reden, verkehren so viele Menschen, daß seine Netizens das größte Volk nach China und Indien bilden. Sich Anteile auf diesem riesigen Markt für seine inhaltlichen und formalen Angebote zu sichern, ist zum permanenten Erneuerungsprozeß geworden.

Google online Kiosk?

Ob *Google* tatsächlich einen *Online-Kiosk* für Zeitungen- und Zeitschriften-Apps auf seiner Plattform *Android* vorbereitet oder nur psychologische Kriegsführung gegen *Apple* betreibt – allein die Nachrichten darüber sind ein Fingerzeig. Teil der Meldung ist, daß *Google* nicht wie *Apple* 30 Prozent der App-Umsätze von den Verlegern verlangt und zudem wichtige Kundendaten zugänglich machen will. In beiden Hauptkritikpunkten der Verleger an *Apple* einzulenken, damit trifft *Google* voll ins Schwarze. Ob der *Google eKiosk* kommt, dazu gibt es derzeit keine verläßliche Prognose. Aber warum sollte das Angebot der *ARD* nicht zur Suche nach einer tragfähigen Plattform passen, mit der die Mitglieder einer Allianz von Qualitätsanbietern ihre Publikationen von Tablet-PCs transportieren lassen – natürlich ohne die Öffentlich-Rechtlichen.

Sein neues mobiles Betriebssystem *Android 3.0 – Honeycomb* - hat *Google* in Las Vegas anläßlich der *Consumer Electronic Show* präsentiert. In erster Linie zielt *Google* damit auf die größeren Displays der Tablet-Rechner. Sehr schick kommt der Startbildschirm mit seinen 3-D-Effekten daher. *Honeycomb* eignet sich für Multitasking, zu Sprach- und Videotelefonie, sein Browser unterstützt Tabs, füllt Formulare automatisch aus, synchronisiert Bookmarks mit *Google Chrome*, macht inkognito surfen leicht und bietet den Zugriff auf ca. drei Millionen eBooks. *Xoom* von *Motorola* ist als erstes Tablet mit diesem Google-System geplant: für das erste Quartal 2011. Ob das iPad von *Apple* hier seine erste echte Konkurrenz kriegt?

Kostenloskultur?

Mit der Branchenneuheit *Financial Informer* zeigt das *Handelsblatt*, daß in der deutschen Verlagswelt kein Stillstand herrscht. Die neue Suchmaschine mit den Rubriken Start, Märkte, Aktien, Fonds/Zertifikate und Rohstoffe ist personalisierbar. DAX, MDAX, SDAX, TecDax und Internationale News, deutsche Wirtschaftsschlagzeilen sowie Analysen / Empfehlungen treten als Unterrubriken hinzu. Das kostenfreie Informationsportal verspricht ein Tempo im Internet, „das selbst Google langsam aussehen läßt“, so der Veranstalter. Für das große Potential solcher News Aggregatoren spricht schon allein die Tatsache, daß mehrere große US-Zeitschriftenverlage zusammen an einer Lösung arbeiten.

Das gerne vorgetragene Credo von Net-Fundamentalisten gegen den Verlagsvorwurf von der *Kostenloskultur* lautet: Internet ist nicht kostenlos. Für Gerät und Verbindungsgebühren zahle der User ein Vielfaches von Abo-Preisen. Außerdem stellten die meisten Verlage nur Abfallprodukte ins Netz. Dabei verwendeten sie oft kostenlose Inhalte aus PR-Material. Was sie sich durch das Leistungsschutzrecht an Einnahmen sichern wollten, seien sie aber nicht bereit, ihren freien Mitarbeitern und fest angestellten an fairen Anteilen zuzugestehen. Am Geiz-ist-geil-Syndrom hätten sie durch fehlgeschlagene Kostenlos-Zeitungen und ähnliche Versuche selbst mitgewirkt. Und vor allem durch den Unterschied zwischen Reichweite und verkaufter Auflage von Print. Was hieße, daß Millionen von Lesern zu Gratislesern erzogen wurden und werden. Da Reichweite den Anzeigenpreis bestimmt, machten die Verlage die Aufmerksamkeit der Gratisleser zu Geld. Die Wirkungsdebatte ist facettenreich.

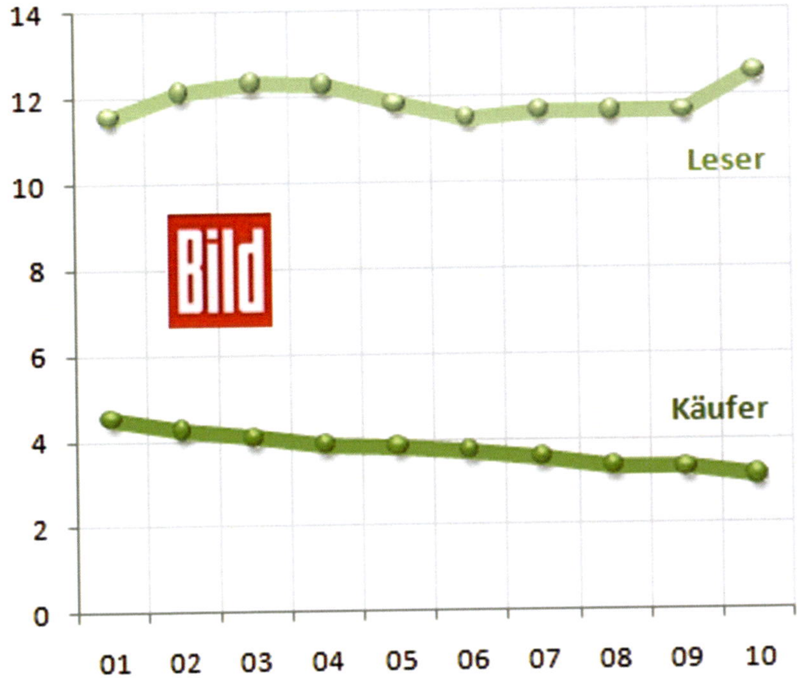

Angaben in Mio.
Leser: Reichweite laut Media Analyse Presse II.
Käufer: verkaufte Auflage laut IVW, 3. Quartal

Natürlich werden Verlage die Reichweiten-Vorteile nutzen, solange der Maßstab gilt. Nichts ist erfolgreicher als der Erfolg. Neues zu entwickeln, das parallel funktioniert, ist konservativ die sichere Strategie. Welche ganz neuen Wege sich empfehlen, um seine Qualität in Inhalt und Form dem richtigen Publikum zu verkaufen, dafür gibt es Hinweise. Apps weisen einen: Einfaches Herunterladen und Bezahlen von Informationen kommen bei den Kunden gut an. E-Commerce-Profis der *004 Beratungs- und Dienstleistungs GmbH* entwickeln mobile und digitale Vertriebskanäle für Smartphones, PCs und Notebooks: Der Online-Shop *iKiosk* der *Axel Springer AG* zeigt, wie Unternehmen größere Kundenkreise unabhängig von einer technischen Plattform erschließen können.

Die 004-Shoplösung macht inhaltliche Güter digital zugänglich. Zeitschriften lassen sich einfach navigieren, blättern und zoomen, Videos, Animationen und spielerische Effekte leicht integrieren. PDFs werden absatzfähig. Neben der App haben so offene Web-Plattformen als Absatzkanäle Platz. 004 bietet alles von der Produktfotografie über Webdesign und Programmierung des Online-Shops bis zu Lager und Logistik, Zahlungsverkehr, Produktmanagement, Service-Center und Marketing. An die 200 Mitarbeiter betreuen Kunden wie *Deutsche Telekom AG*, *Axel Springer AG*, *Adler Modemärkte GmbH* oder *Strauss Innovation GmbH*.

Trend weg von all inclusive Media?

IVW 2010/IV: Ausgewählte Wochen- und Sonntagszeitungen				
Platz	Zeitung	verkaufte Auflage		
		2010/IV	vs. 2009/IV	in %
1	Bild am Sonntag	1.483.046	-94.718	-6,0
2	Die Zeit	504.256	2.010	0,4
3	Welt am Sonntag	402.287	356	0,1
4	Frankfurter Allgemeine Sonnt.	356.912	5.039	1,4
		Daten-Quelle: IVW / Tabelle: MEEDIA		

Was wo am besten geht und welche Trends an Veränderungen kontinuierlich oder neu zu sehen sind, zeigt unverändert der Blick auf verkaufte und verbreitete Titel. Das spezielle Interesse an einem konkreten Thema, einem Stil und Lebensgefühl auf der einen Seite und der ganz nüchterne Tagesnutzen auf der anderen liefern offenkundig die einzigen echten Zuwächse. Der Zuspruch für Medien mit breit gefächerter Themenpalette schrumpft. Die Entwicklung der verkauften Auflagen von *Bild am Sonntag, ZEIT, Welt am Sonntag* und *Frankfurter Allgemeine Sonntagszeitung* zeigt das.

Ein Blatt und **ein** Sender für alles, die alte Form von **all inclusive Medium** mutiert von der Regel zur Ausnahme, wandelt sich zum Spezialangebot für kleine und feine Zielgruppen, die dafür aber auch bereit sind, mehr zu zahlen. Mit einem weiter verfeinerten Instrumentarium der Wirkungsmessung von Medien in ihren vielen

Spielarten wächst den Verlagen aber auch eine Palette von guten Entscheidungshilfen zu.

Die Zahlen für das vierte Quartal 2010 sehen sofort ganz anders aus, wenn die überwiegend kostenlos verteilten und verschickten Titel hinzukommen. Dann wird unübersehbar, daß der Zugang zu Kundendaten mit klar gegliederten Interessen weit über pure Abo-Dateien hinaus die entscheidende Voraussetzung für den Wettbewerb um die Aufmerksamkeit der Käufer für unterschiedliche Qualitäten von Themen, Inhalten und Formen ist. Was *Google*, *Apple* und *Microsoft*, *Facebook* und *Twitter* sowie viele Markenartikler usw. über ihre User wissen, ist viel Geld wert. Sie alle verkleinern den Marktanteil der klassischen Werbung laufend weiter – im Allgemeinen und für die Verlage im Besonderen.

Die Kostenlos-Frage beginnt nicht erst bei *offline* oder *online*. Die Zahl der Stimmen und Meinungen macht es schwer, eine erkennbare Linie auf beiden Seiten auszumachen. Sicher darf man sie nicht bei den Fundamentalisten suchen. Umbrüche des Ausmaßes wie bei einer radikalen Umstrukturierung von Information und Kommunikation vollziehen sich nicht nach dem Schwarz-Weiß-Schema und ziehen sich sehr lange hin. Je tiefer die einzelnen in ihrem Teil des Geschehens drinstecken, desto schwieriger ist es, das Gesamtgeschehen und seine Zusammenhänge zu überblicken. Das aber entscheidet über die Maßstäbe und Bewertung der Wirkung von Medien.

Die Top 20 der Publikumszeitschriften im 4. Quartal 2010				
		verk. Aufl.	2010-IV vs. 2009-IV	
Platz	Titel	2010-IV	absolut	in %
1	ADAC motorwelt	13.586.371	41.169	0,3
2	RTV	8.950.012	-136.603	-1,5
3	RTV Ausgabe West	7.178.158	-68.457	-0,9
4	Bleibgesund	6.759.673	462.401	7,3
5	Apotheken Umschau A	5.093.358	109.166	2,2
6	Apotheken Umschau B	4.994.908	87.333	1,8
7	Bleibgesund Plus	4.347.681	163.686	3,9
8	Prisma Gesamt	4.294.692	-224	0,0
9	Prisma West	2.548.090	52.805	2,1
10	TV 14	2.499.029	40.855	1,7
11	Ratgeber aus Ihrer Ap.	2.223.831	-287.460	-11,4
12	Das Haus	1.890.456	8.334	0,4
13	Senioren Ratgeber	1.841.042	-33.433	-1,8
14	TV Digital	1.774.112	435	0,0
15	rtv Nielsen 5-7 (Ost)	1.771.854	-68.146	-3,7
16	Prisma Ost	1.746.602	-53.029	-2,9
17	TV Spielfilm Plus	1.702.209	-143.069	-7,8
18	house and more	1.642.329	-93.092	-5,4
19	TV Movie	1.461.652	-125.903	-7,9
20	Hörzu	1.388.516	-42.974	-3,0
Daten-Quelle: VDZ-Auflagendienst / Tabelle: MEEDIA				

Ganz ohne Apple & Co.?

Wo so viele so viel vom Zauberwort App halten, braucht es auch die Gegenposition. Keine Frage, in der tiefen Anzeigenkrise waren viele Printleute in der Versuchung, die App als die Erlösung von allem Übel anzusehen. Mittlerweile gibt es aber auch vermehrt Stimmen, die sagen, so viel los ist da nach der ersten Neugier-Welle doch gar nicht. Und schon lautet die Frage, geht es nicht auch ohne? Vielleicht sogar einfacher, schneller und billiger? Vor allem ohne Abgaben an Dritte wie *Apple* oder Co.?

Auch Morgen gelesen, gesehen und gehört werden wollen, heißt, das meiste oder jedenfalls vieles seinen Kunden mobil zugänglich zu machen. Kein Zweifel: Als Apps passen News und Magazine in die Hosentasche und auf ein schmuckes Display. Aber lohnt sich der hohe Preis dieser Lösungen für die Verlage? Ohne großen Aufwand an Vorbereitung, Einführung geht es nicht – und dann kommen die Folgekosten: Lassen sie sich überhaupt reinholen, wo vom Gewinn einer App im AppStore 30 Prozent an *Apple* gehen sollen? Zeitnahe Ergebnisse der US- Auflagenkontrolle *Audit Bureau of Circulations* (ABC) zur Verkaufsentwicklung von iPad-Ausgaben diverser Zeitschriften desillusionieren: Selbst bei renommierten Titeln wie *GQ*, *Vanity Fair* und *Wired* zeigen die Kurven nach unten.

Mit HTML5 zur Unabhängigkeit von Endgeräten

Grundlegende Entscheidungen werden nur noch unter Beachtung des Bezahlgrundsatzes getroffen. Dafür sind die meisten technisch noch nicht gut gerüstet. Fast alle haben zwar mobile Versionen ihrer stationären Portale, aber keine einladenden. Die *ZEIT* schießt hier den Vogel ab – mit einer *App im Browser*. Wer mit seinem iPad zu *ZEIT-Online* geht, kriegt ein entsprechend anderes Layout, das ganz den Gewohnheiten der mobilen Nutzer entspricht. Noch entwickeln viel zu viele eigene Lösungen mit unnötigen technischen Restriktionen. Mit der technologischen Neuheit HTML5 können sich alle sehr weitgehend unabhängig von der Verschiedenheit der Endgeräte machen. Ob mobil oder stationär spielt da dann gar keine Rolle. Aber bisher fehlen wohl noch Marktteilnehmer von ausreichendem Gewicht, um der Technologie HTML5 zum Durchbruch zu verhelfen. Wer sein Geld lieber in die Qualität von Inhalten und Formen stecken und dadurch seinem Qualitätsprodukt Wirkung verschaffen will, der sollte wohl nicht zuletzt hier seine Chancen ergreifen.

Googles virtueller Kiosk will Verlage ihre Publikationen als Android-App vertreiben lassen. Im Unterschied zum App-Store sollen auch Informationen über die Käufer zur Verfügung gestellt werden, was Marketingmaßnahmen neuer Qualität erlaubt. Wie viel weniger *Google* verlangt als die *Apple*-Provision von 30 Prozent, bleibt bisher unbeantwortet. Besonders interessieren muß die Verlage *Googles* Plan einer Abo-Funktion für Mobil-Versionen von Zeitschriften und Zeitungen. Operativ dürfte *Google* sich leicht tun, weil sein eBook-Store alles bereithält, was notwendig ist: Gekaufte wie kostenlose Bücher lassen sich mit dem *Google*-Konto jedes Users verknüpfen und in dessen Browser oder Smartphone-App lesen. Daß *Apple* parallel an Verbesserungen des iTunes-Store arbeitet, versteht sich. Verlagen soll der Verkauf von Abos, Kundenbindung und Preisnachlässe auf dem iPad leichter gemacht werden – im Unterschied zur bisherigen Restriktion, nur einzelne Magazin-Ausgaben anbieten zu können. Mit solchem Nutzer-Komfort sollten sich inhaltliche und formale Qualitätsprodukte viel besser vermarkten lassen.

Apple – eigentlich zu teuer

Nicht nur *Google* bedrängt *Apple.* Auch sein iPhone steht als Luxusartikel im Fokus, der als Gerät und im mobilen Tarif schon teuer ist, und dann im nächsten Schritt für teure Apps noch mehr bezahlt werden muß. Das schärft den Blick für Apps, deren Zweck Geld sparen ist – kostenlose Telefonie und Simsen eingeschlossen:

Barcoo scannt über die iPhone-Kamera Barcodes, liefert Testberichte, günstigere Angebote und checkt die Unbedenklichkeit von Produkten nach der Dioxin-Affäre.

Blitzer.de warnt vor festen und mobilen Geschwindigkeitsprüfgeräten auf den Straßen und nimmt Warnungen auf.

Immonet-App verbindet Wohnungsaufnahmen mit dem iPhone-Kompass. Größe und Preis der gesuchten Wohnung eingeben, die Kamera über die Umgebung schwenken und die passende Wohnung angezeigt bekommen.

iXpenselt gibt einem die genaue Kontrolle über die eigenen Ausgaben.

Tagesangebote bündelt Angebote und Schnäppchen wie bei Groupon, Citydeal usw.

TaxiButton meldet den Standort des Nutzers an Taxen in der Umgebung, dieser Fahrgastzahl, Ziel und Zahlweise.

Mit *Viber* kann man mit allen anderen Viber-Nutzern kostenfrei telefonieren.

WhatsApp durchsucht die Kontakte des Users und öffnet den Chat über UMTS und Wlan, verschickt Texte, Bilder, Videos, Audios, Kontakte usw.

bauen wohnen leben 24 nennt die Agentur *Holthaus & Kaiser Marketingperformance* ihre App. Mit ihr blättert man in Special-Interest-Katalogen; mit am Start: *Nolte*-Küchen, *Kahla* Porzellan und Parkett *Haro*.

Solche und andere praktische Funktionen klassischen Verlagsangeboten als Zusatz-Nutzen beizufügen oder mit ihnen zu vernetzen, beschäftigen Portfolio-Manager von Verlagen und die Beratungsbranche ganz zu Recht. Wenn Verlagsfremde sich mit Informationsangeboten in den Kommunikationsmarkt vortasten, liegt der umgekehrte Weg nahe. Und je früher die Verlage ihre Kernkompetenz der inhaltlichen Wirkung einsetzen, desto besser muß der Wettbewerb ausfallen – und warum nicht auch in Gestalt der Kooperation.

Facebook

Ein Blick auf die Herausforderungen an die Verlage, ihre alten und neuen Wettbewerber und die nähere und weitere Umgebung, in der sie agieren, wäre unvollständig ohne *Facebook*. Terra incognita für immer noch viele, tendenziell mehr ältere als jüngere Deutsche, und hierzulande auch (noch) weniger verbreitet als in den meisten Industrieländern, hat das *Social Network* Anfang 2010 seinen Vorläufer *My Space* in Deutschland ganz abgelöst. Alle Online-Anbieter von Inhalten müssen *Facebook* schon allein deshalb im Auge behalten, weil eine Verschiebung der Kommentarfunktionen für Leser von den Websites der Medien hin in die *Facebook*-Sphäre lautlos stattfindet. Immer mehr Online-Medien bieten am Ende ihrer Artikel oder Videos bequem an, mit Hilfe des *Facebook*-Buttons den Inhalt mit und ohne Kommentar bei *Facebook* zu posten, zu bewerten und zu weiterer Bewertung anzuregen. Das ist ein perfektes Angebot für Hand- und Mund-faule passive Konsumenten, die auf diese Weise mit dem denkbar minimalsten eigenen Einsatz einen maximalen *Social Effect* erzielen können. Den *Facebook*-Freunden wird es ganz besonders bequem gemacht zu reagieren: Indem sie einfach nur den *Gefällt-mir*-Button anklicken, oder zusätzlich einen Kommentar hinzufügen oder selbst einen Link setzen. Der Beobachter wundert sich, daß *Facebook* daraus noch kein Instrument der *Medien-Wirkungs-Messung* entwickelt hat. Aber so etwas ist ja vielleicht längst in der Mache.

Strunz und Burda bei Facebook

Daß nach dem Chefredakteur des *Hamburger Abendblattes*, *Claus Strunz*, seit 2011 auch Verleger *Hubert Burda* mit einem eigenen, sozusagen dienstlichem *Profil* in *Facebook* mitmacht, dürfen wir als Signal werten, das sicher wohlüberlegt gesetzt wurde. *Strunz* berichtet dort aus seiner Arbeit und teilt seine Meinungen mit. *Burda* startete seinen Auftritt recht programmatisch:

> *Ein Medienunternehmen im Jahr 2011 muß die Beziehung zwischen dem klassischen Print und den sozialen Netzen für sich definieren. Nur durch ein klares Verständnis und eine intensive Auseinandersetzung mit dieser Beziehung verstehen wir das mediale Pendel, das zwischen traditionellem Content und Online-Communities schwingt. Für mich beginnt dieser Weg auf Facebook.*

Burdas VIP-Gästeliste für seine diesjährige Innovationskonferenz *Digital Life Design* (DLD) liest sich wie eine Fortsetzung dieses Statements: *Groupon*-Chef *Andre Mason*, *Foursquare*-CEO *Dennis Crowley*, *James Murdoch* und New-York-Times-Verleger *Arthur Sulzberger* sowie Autor *Hans Magnus Enzensberger*.

Ende 2000 bewegten sich weltweit 360 Millionen Menschen im Internet – in heute unglaublich langsamen Verbindungen. Heute halten sich zwei Milliarden regelmäßig im *WorldWideNet* auf – wir in den Industrieländern im ultraschnellen Breitband. Das Knowhow im Umgang mit dem Internet, die übliche Aufenthaltsdauer im Netz und seine Nutzung für viele praktische Dinge hat ein hohes Niveau erreicht – vom *online-Banking* bis zum *social networking*, von Preis-Vergleichen bis Reisebuchungen, von Internet-Recherchen bis zum persönlichen Blog. Wie man seine Marke auf der *Facebook*-Welle surfen läßt, führt *BMW* vor. Wo immer der *Mini* auch ist, *Google* und *Facebook* sind immer mit an Bord. Die *Mini-Connected-iPhone-App* transportiert *Facebook*-Status, RSS-Feeds und Video-Podcasts ohne Umwege oder eigenes Hand anlegen direkt aufs *Mini*-Display: Das läßt Ankunftszeiten oder Zwischenhalte bequem automatisch posten. Wer den Blumenhändler an der Fahrstrecke sucht, findet den Umweg mit Hilfe von *Google* gleich auch noch.

Bei Facebook ist man nie allein

Das Geschäftsmodell von *Facebook* beruht auf seiner Kernfunktion als Unterhaltungs- und Kommunikationsdienst. Durch Auswahl seiner Kontakte – Freunde genannt, Abonnieren von *Facebook Pages* und die persönlichen Einstellungen, welche Personenkreise differenziert lesen und sehen dürfen, was man von sich mitteilt oder abbildet, fühlt sich der Nutzer in seiner Privatheit und Individualität respektiert. Daß die meisten alles für alle zugänglich machen, ist ja ihre freie Entscheidung und fällt bei den jüngeren Teilnehmern fast immer so aus. Der breite, harte Kern der Gemeinde, bleibt in *Facebook* permanent eingeloggt. Wer mal doch länger nicht reinschaut, den macht eine konventionelle E-Mail auf neue Einträge aufmerksam. Hier geht es nicht um die Qualität von Inhalten, sondern um die Qualität des Komforts, weltweit mit einander schwätzen zu können. Was im Einzelfall nicht daran hindert, das mit inhaltlicher Qualität zu tun.

Der häufigste Vorgang in *Facebook*: Jemand liest einen Artikel, sieht ein Video oder findet eine neue Website – und teilt das seiner Community mit Link und Kommentar mit. Nun setzt das Pingpong mit den anderen ein, das sich oft über Stunden und Tage hinzieht. Wer also – wie *stern.de* sehr früh – die bequeme Verbindung per

Facebook-Button plaziert, darf sich auf den Multiplikator-Effekt sehr sicher verlassen und hat mit seinen Usern keine Arbeit mehr sowie entsprechend weniger Kosten und Ärger. Die Anzeigen auf *Facebook* spiegeln die Interessen der Nutzer für jeden sichtbar wieder. Und Werbung bei *Facebook* nervt nicht. Wer hingegen Inhalte bei Online-Medien aufsucht, muß dauernd Popups wegklicken, um an das Gewollte zu kommen. Von den noch Störenderen zu schweigen, die sich öffnen, sobald man das x für Löschen drückt.

Die Marktdurchdringung von *Facebook* liegt in vielen Ländern bis zu 40 Prozent. Anders als bei *My Space* und *Twitter*, kommuniziert bei *Facebook* die ganz überwiegende Mehrheit mit echten Namen und Gesichtern. Daß ganze Familien und Verwandtschaften über alle Generationen hinweg - nicht selten weltweit verstreut – sich hier regelmäßig begegnen und austauschen, schafft langfristige Bindungen. Das gibt *Facebook* eine neue Qualität, die bis jetzt keine Konkurrenz hat. Dazu trägt ein weitgehend unbeobachtetes Phänomen bei, die Tatsache nämlich, daß weltweit bisher zwei Millionen Websites Verbindungs-Buttons zu *Facebook* gesetzt haben. Medienwirkung messen braucht den Seitenblick auf *Facebook*.

Zwei Millionen Websites sind mit Facebook verbunden

Bringt man die verstreuten Informationen zusammen, die es über die Funktionsweisen von *Facebook*, *Twitter* und anderen Sozialen Netzwerken gibt, stößt man auf die nur scheinbar überraschende Erkenntnis, daß es *online* nicht anders ist als *offline*. Einige wenige Aktive prägen die Meinungen, die Masse konsumiert. *Forrester Research* etwa sagt, daß weniger als fünf Prozent der *Twitterer* zwei Drittel aller Tweets schreiben und gerade mal 11 Prozent der Nutzer von *Facebook* und *Twitter* 80 Prozent der Meinung bilden. Auch das interessante Instrument *Sysomos* kommt zu vergleichbaren Ergebnissen. Anders gesagt, vor allem bei *Twitter* handelt es sich selten um Kommunikation, sondern fast immer um Information. Die klassischen Medien sollten aufatmen. Neue Medien ändern das Verhalten von Menschen nicht – jedenfalls nicht so schnell.

Zum *Social-Media-Reichweiten-König* hat die Agentur *Vierpartner* den *Spiegel* erklärt. Dafür hat sie in der zweiten Januar-Hälfte 2011 die Aktivitäten der wichtigsten Printmedien bei den Social Media *Facebook*, *Twitter* und *Youtube* gezählt. *Bild* liegt bei dieser Wertung erst auf Platz vier und auch sonst ist die Reihung in mehreren Fällen unerwartet.

Social-Media-Reichweite zweite Januarhälfte 2011

Platz	Unternehmen	erreichte User
1	Spiegel	786.762
2	Chip	540.030
3	Focus	402.637
4	Bild	326.217
5	Auto Motor Sport	249.393
6	Stern	224.253
7	Zeit	148.122
8	Bravo	136.092
9	Süddeutsche Zeitung	88.609
10	Heise	86.717
11	Kicker	77.173
12	Brigitte	76.968
13	Welt	60.471
14	Essen & Trinken	55.928
15	Frankfurter Allgemeine	55.126
16	PM	49.700
17	Taz	46.483
18	Financial Times Deutschland	42.483
19	Handelsblatt	39.760
20	W&V	33.267

Quelle: Agentur Vierpartner

Insgesamt erreichen die Top-40 der deutschen Printprodukte im *Social Web* 3.788.532 User. Eine zuverlässige Reichweiten-Messung in Social Media wird angesichts der wachsenden Zahl der User für die Kommunikations-Strategien von Unternehmen, Institutionen und Organisationen unverzichtbar. Dabei stellt sich insbesondere die Frage, wie ermittelt werden soll, welche Leser Inhalte nur passiv konsumieren und welche sich aktiv in Communities beteiligen.

Mitte 2010 meldete *Facebook* 500 Millionen Nutzer. Experten gehen davon aus, daß es inzwischen mehr als 600 Millionen sind. Interessant zu wissen: Als Nutzer gilt statistisch nur, wer sich in den letzten 30 Tagen mindestens einmal eingeloggt hat. 50 Prozent besuchen *Facebook* mindestens einmal täglich - also 300 Millionen Menschen. Deutschland stellt an die 14 Millionen Nutzer

.

In Österreich und der Schweiz liegt der Durchdringungsgrad mit 30 Prozent höher, ein Effekt, der bei praktisch allen technischen Neuerungen der modernen Kommunikation von Anfang an zu beobachten ist. In Norwegen, Kanada, Großbritannien, USA und Australien sind 40 Prozent bei *Facebook*. Da und dort ist immer mal wieder zu hören, bei *Facebook* und Co. handele es sich doch nur um eine Mode, an der die Leute irgendwann auch wieder den Spaß verlieren. Meist berufen sich die Kritiker auf jemanden in ihrer Umgebung, der von Aktivitätenabnahme in Sozialen Netzen zu berichten weiß. Im Trendsetterland USA, das immer noch in vielen Dingen wie ein Fenster ist, durch das wir in unsere Zukunft schauen, verbringen die User mehr Zeit bei *Facebook* als bei *Amazon, Google*, *Microsoft, Yahoo*, *YouTube* und *Wikipedia* zusammengenommen: sieben Stunden.

Top 10 Web Brands for January 2010 (U.S., Home and Work)					
RANK	Brand	Unique Audience (000)	Time Per Person (hh:mm:ss)	MOM UA % Change	MOM Time % Change
1	Google	152,708	1:23:54	4.10%	-16.90%
2	Yahoo!	134,561	2:09:14	4.30%	-26.80%
3	Facebook	116,329	7:01:41	5.80%	9.70%
4	MSN/WindowsLive/Bing	109,425	1:35:33	1.20%	-18.10%
5	YouTube	99,525	1:02:27	7.60%	-10.30%
6	AOL Media Network	82,306	1:01:14	-6.80%	-57.80%
7	Wikipedia	64,917	0:15:59	10.70%	-2.70%
8	Fox Interactive Media	62,112	1:23:28	1.00%	-9.10%
9	Amazon	60,772	0:22:34	-8.60%	-32.90%
10	Ask Search Network	57,776	0:12:35	10.70%	-11.40%

Source: The Nielsen Company

Average U.S. Internet Usage, Combined Home & Work, Month of January 2010			
Metrics	Current Month	Previous Month	% Change
Sessions/Visits per Person	55	51	7.80%
Domains Visited per Person	90	83	8.40%
Web Pages per Person	2,621	2,614	0.30%
PC Time per Person	58:52:05	64:09:12	-8.20%
Duration of a Web Page Viewed	0:00:56	0:00:56	-0.20%
Active Digital Media Universe	203,094,213	195,738,178	3.80%
Current Digital Media Universe Estimate	234,264,633	234,802,000	-0.20%

Source: The Nielsen Company

***Google* hat *Facebook* nichts entgegenzusetzen, sagen Beobachter.** Sie sehen den Wechsel an der *Google*-Spitze zurück zum Gründer in diesem Licht. Larry Page müsse sich bei Social Media, Android/Mobile, Werbung, Geschäftsanwendungen und Standards für HTML5 neues einfallen lassen, um nicht noch weiter ins Hintertreffen zu geraten.

Zu den bekannten Medien-Wirkungs-Analysen treten neue. Folgt man *Klout.com*, dann hat das Teenie-Idol *Justin Bieber* aus Kanada mehr Einfluß als US-Präsident *Barack Obama* – jedenfalls im Web. *Klout.com* berät Global Player wie *Disney* – und zunehmend viele der amerikanischen Politiker. Weil alle erfahren wollen, wer ist der mit dem größten Einfluß im *WorldWideWeb*. VIP-Teenie *Bieber* führt mit seinen 16 Jahren das *Klout-Ranking* an, der *Dalai Lama* folgt auf dem zweiten Rang, *Barack Obama* auf dem dritten und *Lady Gaga* auf Platz vier. So unseriös die Aufzählung anmutet, so sehr spiegelt sie die Neigungen und Vorlieben im unbegrenzten und grenzenlosen Marktplatz des Kampfes um Aufmerksamkeit wieder.

Wer mißt Einfluß und wie?

Klout versorgt konsequenter Weise Politiker in den USA vor neuen Investitionen genauso mit Entscheidungshilfen wie Musikverlage und Filmfirmen. Die Social Media Analytiker von *Klout* verwenden Algorithmen, mit denen sie Mittelwerte aus Statusmeldungen und den anderen, oft automatisierten Äußerungen in den Social Media des Internets zusammenrechnen. Das Ergebnis ist nach *Klout* nicht bloß ein Ranking von Prominenten und ihrer sogenannten *Follower* bei *Twitter*, sondern mißt ihren Einfluß in der Netzwelt. Eine *Klout*-Analyse bewertet die Person z.B. als *Thought Leader* und führt auf, von wem sie beeinflußt wird und wen sie beeinflußt.

Mit seinem Verfahren hat das Unternehmen jedenfalls großen Erfolg. Für seine Pressearbeit zum Animationsfilm *Tangled* suchte *Disney* durch *Klout* Personen mit Einfluß in sozialen Netzwerken. In der Lobbyisten-Szene ist *Klout* ebenfalls sehr gefragt. An Kritik und Zweifel der Aussagekraft von *Klout*-Ergebnissen fehlt es natürlich nicht. Manche kommen zum einfachen Urteil, der eigentliche Verkaufserfolg von *Klout.com* läge in dem simplen Detail, den Einfluß von Personen in Social Media zu numerieren, ihm eine Ziffer zu geben. Klar ist, *Klout* wird auf diesem Rating-Markt nicht allein bleiben, weil Einfluß in Social Media-Kanälen von immer mehr als ähnlich wichtig eingeschätzt wird wie Prominenz in Funk, Fernsehen und allen alten Medien des Boulevard.

Klout kategorisiert seine Einflußmessungen mit 16 verschiedenen Typen *Influencer* – von *Tastemaker* bis *Conversationalist*. Anderen reichen drei (Connectors, *Mavens, Salesmen*) bis fünf Großgruppen. Alle aber sind sie auf der Suche nach Kriterien für die Entscheider über die großen Ausgaben für Werbung und PR in den alten und neuen Medien, mit neuen und alten Transportmitteln. Denn dabei geht es um viel Geld. Bei *FreshNetworks*, Social Media Agentur in London, nahm die **Studie *Social media influencers 2010*** neun führende Unternehmen des Social Media Monitoring

(*Attensity 360, Brandwatch, Radian6, Alterian SM2, Scoutlabs, Sysomos, Synthesio, PeerIndex* and *Social Radar*) unter die Lupe und kam zu diesem zusammengefaßten Ergebnis:

> *All the tools have their different strengths so when you choose a tool for identifying influencersit's very important to consider:*
>
> - *Which sources they pull data from*
> - *The way they allow you to segment data*
> - *How they allow you to drill down into the data*
>
> *While all the tools offer social media monitoring options, some of the tools are not directly geared towards finding influencers; they are still in a nascent stage and at present human analysis is still needed. At the moment most of the tools are better at finding sites of influence rather than individuals. In fact the metrics they use are also more geared towards sites of influence e.g. number of backlinks, number of views, rather than finding individual influencers.*
>
> *So while the tools point you in the right direction of finding your influencers, it's really down to human analysis at this stage to judge which individuals are influential in the social web. With tools evolving all the time, this may change in the near future.*
>
> *When looking for influence, using social media monitoring tools in combination with human subjectivity is the best way to identify potential and current influencers. The tools help you manage the sources of influence to choose from; the human analysis helps you separate those with potential and existing influence/authority, from those that have none.*
>
> *Once you've identified your influencers it's up to you how you go about engaging them and what you would like to achieve from this. In order to achieve maximum success, your online influencer engagement strategy should align closely with your wider social media strategy.*

Verlage sind also gut beraten, wenn sie dem persönlichen Urteil von internen und externen Kommunikationsstrategen das entscheidende Gewicht geben. Nicht als Alternative zu allen Ergebnissen, die ihre Erkenntnisse auf Algorithmen aufbauen, sondern um diese von einem kritischem menschlichen Blick bewerten zu lassen. Schließlich geht es um Qualität.

iPad, Wikileaks und Google Street View

Wer an der schieren Größe des Umbruchs unserer globalen Kommunikationswelt zweifelt, sei an drei Media-Mega-Ereignisse 2010 erinnert: *iPad*, *Wikileaks* und *Google Street View*.

Lange hat nichts die Verlagswelt mehr umgetrieben als das iPad. Drei Millionen des Tablets in 80 Tagen seit seinem Start am 27. Januar 2010 zu verkaufen – 8,5 Millionen bis Oktober, setzt neue Maßstäbe. Viele erwarten vom Tablet die Lösung der Branchenprobleme. Mehr als ein wichtiges Detail in der Multimediakette wird es aber wohl nicht sein können. Wie klar das Informationsmonopol bricht, lehrte uns *Wikileaks* mit der Preisgabe von zehntausenden Botschaftsdepeschen. Auch wenn es die US-Behörden noch lange nicht aufgegeben haben, *Wikileaks* wieder unter Kontrolle zu kriegen. Dessen Kooperateure – *Spiegel*, *Guardian* und *New York Times* – profitierten von der Zusammenarbeit ganz beträchtlich. Schon am zweiten Verkaufstag war die *Spiegel*-Ausgabe mit den öfter peinlichen als aufklärenden Informationen vergriffen und wurde als erste nach 1995 sogar nachgedruckt. *Amazon* löschte *Wikileaks* von seinen Servern, *PayPal* und *Mastercard* schlossen die Konten, ein DNS-Provider setzte die originäre Internetadresse außer Funktion. Während der Kampf um *Wikileaks* wohl noch lange weitergehen dürfte, verstummte der Sommeraufstand gegen *Google Street View* nach immerhin 144.000 Einsprüchen recht lautlos. Die Leute nutzen den neuen Service wie vorher schon *Google Map*, als wäre da nichts gewesen. Die ersten sollen schon wieder beantragen, die Pixelung ihrer Fassaden rückgängig zu machen.

Nicht trotz, sondern wegen des großen Wandels gibt es viel Wege, Hindernisse kreativ zu überwinden. Nach dem iPad kommen sicher weitere Geräte hinzu, die *mobile publishing* zur Normalität werden lassen: nicht nur als PDF-Versionen von Print, sondern als eigenständige Inhalte und Formate. An der Zahlungsbereitschaft der Nutzer fehlt es nicht – paßgenaues Angebot vorausgesetzt. Redaktionelle Ideen gibt es auf dem Markt, professionelle Agenturen und Software-Lieferanten auch. Die strategischen Fragen können aber nur die Verlage selbst beantworten:

- wie kommen wir zu erstklassigen Inhalten bei wirtschaftlichen Kosten?
- welche alten und neuen Qualitätsprodukte sind marktfähig?
- wo plazieren wir was?
- welche Inhalte sind künftig kostenlos, welche auf keinen Fall?
- welche gibt es daher gedruckt, welche als App, welche im Web?
- wo geht es um Information, wo um Dialog?
- wie gehen wir mit welchen Seitenwettbewerbern um wie *Starbucks* oder *Groupon*?
- welche eigenen neuen Nebenerlösfelder erschließen wir?

Keinen alltäglichen Schritt tut die *ZEIT* mit der Gründung einer eigenen Bildungseinrichtung, der *ZEIT Akademie.* Seminare im Universitätsniveau als Wochenend-Seminare und als DVD-Reihen sind eine echte Innovation. Die Akademie steht jeder Altersgruppe offen, der Zugang ist so leicht, daß er nicht ausgrenzt. Wissenschaftliche Vorkenntnisse werden nicht verlangt.

Der *ZEIT Akademie* geht es um wissenschaftliches Basiswissen in unterschiedlichen Feldern. Es beginnt mit Philosophie und Ökonomie und zwei renommierten Universitätsprofessoren: *Julian Nida-Rümelin* und *Rüdiger Pohl.* Weitere Fächer sollen folgen. Auf die Vernetzung mit der Wochenzeitung DIE ZEIT und mit anderen Verlagsprodukten darf man gespannt sein.

Da ist zu hoffen, daß auch Lehrer von der *ZEIT Akademie* Gebrauch machen. Denn die LfM Nordrhein-Westfalen hat herausgefunden, daß immer mehr Pädagogen digitale Medien im Unterricht einsetzen - und zur Förderung der Medienkompetenz. Aus der Studie der Anstalt erfahren wir, daß dies mehr als die Hälfte der befragten 1.400 Lehrer an allgemeinbildenden Schulen wenigstens einmal monatlich tun, 15 Prozent jede Woche mehrfach und nur fünf Prozent nie.

Medienkompetenz lernen

Zur Vorbereitung und Durchführung des eigenen Unterrichts und als Unterrichts-Materialien kommen digitale Medien zum Einsatz – auch in der Arbeit der Schüler selbst. Bisher hängt das alles noch meist von den Lehrern allein ab, systematischer Einsatz durch ganze Schulen ist noch die Ausnahme. Zeitung und Fernsehen beherrschen den Unterricht als Medien, aber digitale setzen sich langsam durch. Allerdings mußte die LfM-Studie klare Zugangsbarrieren und fehlende didaktische Konzepte konstatieren. Sollen die jungen Absolventen mit deutlich besserer Medienkompetenz ins Berufsleben gehen können, herrscht personell ebenso wie bei den technischen Rahmenbedingungen großer Nachholbedarf. Dabei sind die vielen Möglichkeiten noch kaum erkannt, die im *Digital Game-Based Learning* stecken, wie das eine andere LfM-Studie nachdrücklich darstellt: *Spielend lernen*? Von einer Kooperation der Verlage mit Einrichtungen der Lehrerfortbildung, Universitäten und Studienseminaren sowie der Schulen selbst können alle Seiten nur profitieren. Jungen Menschen Medienkompetenz zu vermitteln, kann die Bereitschaft für Qualitätsmedien positiv beeinflussen.

Die Wahrscheinlichkeit, daß junge Menschen immer öfter erst über das Internet und Social Networks wie *Facebook* Zugang zur Medien-Nutzung überhaupt finden werden, ist allein Grund genug zu beleuchten, wie und womit das führende Soziale Netzwerk *Facebook* sein Geld verdient.

Wenige wird überraschen, den größten Teil seiner Einnahmen von jährlich geschätzten 500 Millionen Dollar erzielt *Facebook* mit seinen Anzeigenkunden. Wer inseriert bei *Facebook*? Die Antwort findet sich in der *self-serve advertising platform* des Unternehmens. Jeder und jede kann seine Anzeigenwerbung auf *Facebook* in einem ausgeklügelt einfachem System selbst in Auftrag geben und gestalten, ein Tagesbudget auswählen und jederzeit anpassen: Gezahlt wird nur in dem Umfang, in dem die Anzeige angeklickt (CPC, Cost Per Click) oder gesehen (CPM, Cost Per Thousand Impressions) wird. Die aktuellen Mindestkosten je Click (CPC) betragen $ 0,01, je 1.000 Impressionen $ 0,02 pro Werbefläche. Was *Facebook* als Tools und Erklärungen zur Verfügung stellt, überfordert tatsächlich niemanden. Die Garantie, daß nie mehr in Rechnung gestellt wird als das selbst vorgegebene Tagesbudget, senkt die Eintrittsschwelle psychologisch auf null.

Anzeigen schalten bei Facebook für jedermann

Die möglichen Feineinstellungen entwickelt *Facebook* permanent weiter. Seit 2009 gibt es ein Online-Handbuch, mit dessen Hilfe man sein eigenes ad-Management auf der Grundlage der *Facebook advertising platform* ausbauen kann, das besonders große Anzeigenkunden mit mehr als 10.000 Dollar Tagesbudget in Anspruch nehmen. *Zynga.com*, Entwickler der größten Spiele für *Facebook* wie *FarmVille* und *Café World*, soll zugleich auch der größte Kunde von *Facebook's self-serve ads* sein. Ein interessantes integriertes Geschäftsmodell. Restaurants, Ärzte, Anwälte und viele weitere Freiberufler wie Kleinbetriebe addieren sich schnell auf ein großes Auftragspaket. Der Jahreserlös aus *self-serve-ads* für 2010 wird mit 450 Millionen Dollar angenommen.

Ein weiteres ertragreiches Produkt sind *Engagement Ads* für die Werbung großer Marken. Diese Anzeigen erscheinen in der Spalte rechts auf der Homepage von *Facebook*; die User können mit den Angeboten interagieren. Markenartikler können gleichzeitig die Effektivität ihrer Anzeigen-Kampagnen mit Hilfe des Tools *Brand Lift* direkt nach dem Anlaufen testen, das in Kooperation mit *Nielsen* entwickelt wurde. Damit hat *Facebook Google* hinter sich gelassen, dessen Erfolg bei den Nutzern, die nach klaren Interessen suchen, nie auf jene ausgedehnt werden konnte, die auf Angebote aufmerksam gemacht werden sollen, die sie noch nicht kennen. 250 Millionen Dollar soll *Facebook* 2010 mit *Engagement Ads* verdienen. Auch die Zusammenarbeit mit *Microsoft* bei großen Anzeigen auf der *Facebook*-Homepage ist ein auslaufendes Modell. *Facebook* will hier komplett unabhängig agieren und kann das offensichtlich. Die näheren Ziffern und Details der alten Vereinbarung zwischen den zwei Akteuren über die Integration der *Microsoft*-search-results in *Facebook* wurden nie öffentlich. Der Erlös für *Facebook* wird von Branchenkennern aber immer noch auf 150 Millionen Dollar jährlich beziffert.

Ohne auf Einzelheiten einzugehen, muß das *Facebook Gift shop* erwähnt werden, wo sich die Wahrheit des alten Satzes erneut beweist: Auch Kleinvieh macht Mist. Durchschnittlich kostet das virtuelle Geschenk, das ein User dem anderen schickt, einen einzigen Dollar. Pro Jahr summiert sich der damit erzielte Umsatz auf 100 Millionen Dollar, der im Jahr 2010 auf 150 Millionen weiter angestiegen sein soll. Zwei Fliegen mit einer Klappe trifft *Facebook* mit der Öffnung seines Geschenke-Shops für Dritte, insbesondere für Non-Profit-Organisationen wie *Project Red*, *Kiva*, *Tom's Shoes* und den *World Wildlife Fund*. Teile dieser Umsätze bleiben bei *Facebook*, das damit gleichzeitig seinem gesellschaftlichen Engagement öffentlich sehr wirkungsvoll nachkommt. Eine Reihe weiterer Non-Profit-Organisationen interessiert sich für *Facebook* als Plattform für ihre Spenden-Sammel-Kampagnen. Hier scheint sich ein großes neues Feld überhaupt erst herauszukristallisieren.

Eine eigene Facebook-Währung

Ein weiteres, vorerst letztes Erlösmodell ist *Facebook Credits Program*. Das Instrument war anfänglich nur nötig, damit *Facebook* User ihre virtuellen Geschenke bezahlen konnten. In der Zwischenzeit überläßt *Facebook* sein *Credits Program* zunehmend als Instrument für die Applikationen von Partnern als Betreibern der großen *Social Games* wie *FarmVille* – aber selbstverständlich gegen eine hohe Provision auf alles, was dort verkauft wird. Nutzern ohne Kreditkarten sollen *user-to-user-credits* helfen, an weiteren Bezahlformen wird gearbeitet (zur *Facebook*-Währung: 100 Credits = 10 Dollar). 150 Millionen Dollar soll die *Credits Platform* in diesem Jahr bringen mit steil nach oben zeigenden Perspektiven. Trotzdem gehen Experten davon aus, daß die Anzeigenwerbung als

Kerngeschäft von *Facebook* weiter an Gewicht gewinnen wird bis hin zur baldigen Größenordnung von einer Billion Dollar jährlich (nach der amerikanischen Zählweise: 1.000 Millionen). Mittlerweile verstummen auch die früher stets wiederkehrenden Gerüchte, wonach *Facebook*-User für ihre Mitgliedschaft in diesem Social Network Beiträge eines Tages bezahlen müßten. Daß *Facebook* mittlerweile auch wesentlich mehr in seine eigene Lobby-Tätigkeit in Washington und anderenorts investiert, spricht ebenfalls Bände. Die Wahl von *Tim Sparapani* für diese strategische Aufgabe, der noch bis 2009 Datenschutzexperte bei der Bürgerrechtsorganisation *American Civil Liberties Union* (ACLU) war, ist eine Botschaft in sich.

Überraschende Wettbewerber

Daß ein Discounter von der Kategorie *Aldi Süd* nach Versuchen im Südwesten nun auch in Nordrhein-Westfalen mit dem Verteilen von Handzetteln statt Anzeigen experimentiert, weist einmal mehr auf die Tatsache hin, daß buchstäblich alles auf dem Prüfstand steht – above and below the line.

Aber auch von ganz anderer Seite drängen Wettbewerber in den Informationssektor, an die noch vor kurzem wenige gedacht hätten. Obwohl damit nicht erst seit dem Erscheinen des Internet-Cafés, sondern seit dem guten, alten Kaffeehaus zu rechnen war. Die Rede ist von *Starbucks*. Im 40. Jahr des Bestehens reduziert *Starbucks* sein Logo auf den Bildteil ohne Schriftzug. Weil *Coffee* wegfällt, entfällt auch *Starbucks*. Neben den Gründen, die genannt werden lautet der einzig relevante: Der Konzern will Mediendienst werden. Amerikanische Filialen gehen ihre kuscheligen Sitzecken verlustig. Die Kunden sollen sich informieren, will das Unternehmen, nicht nur Kaffee trinken. 7.000 Filialen bieten den Zugriff auf ein breites Mediennetzwerk von eBooks, Nachrichten, Videos und Stellenangeboten. Und vielleicht ist das nur der Anfang. Bei dem ausgeprägten Trend, vom Frühstück übers Mittagessen bis zum Abendessen und zwischendurch Plätze wie *Starbucks* aufzusuchen, wird die Verweilzeit in der Nutzung von Medien an solchen Orten mitwachsen. Und damit seinen Stellenwert in der Wirkungsmessung von Medien gehobener Qualität bekommen – wie früher die Leser am alten Kommunikationsort Kaffeehaus.

Vom täglichen Wechsel der Medieninhalte verspricht sich der Konzern mehr Kunden. Lesen und schauen kann der Kunde nur, solange er im *Starbucks*-Netzwerk eingeloggt ist. News liefern den Kaffeekonsumenten die *New York Times*, das *Wall Street Journal* sowie *USA Today*, Stellenangebote und Karrieretips das Social Network *LinkedIn*. Den Kauf von Musik und Videos organisiert *Apple*. Zur Promotion räumt *Starbucks* (vorerst in USA und Kanada) unbegrenzten Internetzugang ein. Im Moment sollen monatlich über 30 Millionen Kunden die Hotspots nutzen, in Deutschland sind sie zurzeit (noch?) auf zwei Stunden befristet. Wann die Servicebreite nach Europa kommt? Das hängt wohl vom weiteren Erfolg in Nordamerika ab. Und davon, ob auf dieser Seite des Atlantiks jemand schneller ist.

Das Internet vom Sockel geholt

Apropos schneller. Wo immer noch oft die mentale Frontstellung sowohl bei vielen Print- wie auch Internet-Affinen sehr einseitig ausfällt, kann ein wenig Entmythologisierung nur gut tun.

Meist beginnt der *Mythos Internet* mit dem ***Hype 38:13:4*** als Formel für diese Behauptung: *Um 50 Millionen Nutzer zu erreichen, benötigte das Radio 38 Jahre, das Fernsehen 13 Jahre und das Internet lediglich 4 Jahre.*

Dem norwegischen Internet-Spezialisten *Gisle Hannemyr* verdanken wir den Nachweis, daß die *38:13:4-Formel* falsch ist. Anfang 2001 fiel ihm auf, daß er überall auf die 38:13:4 stieß, aber nirgendwo eine Quelle fand. Erste Recherchen ergaben, daß der Mythos der rasenden Ausbreitung des Internets rund um den Erdball von allen weiterverbreitet wurde: von Gurus der neuen Zeit ebenso wie von Journalisten, Wissenschaftlern, Marketingleuten, Politikern und in strategischen Dokumenten der Administrationen der USA und der EU. Einer schrieb ungeprüft vom anderen ab, jeder mit fast noch mehr Begeisterung. Mit Ausdauer fand *Gisle Hannemyr* den Ersttäter: eine Grafik im Report der Investmentbanker

Morgan Stanley von 1997. Die 38:13:4-Story war durch nichts belegt. Jetzt machte sich *Hannemyr* selbst ans Rechnen und Vergleichen und veröffentlichte seine Ergebnisse 2003 im Magazin *Information Society*[1]. Daß der alte Zahlenmythos weiter seine Runden um die Erde dreht, versteht sich.

Als Startzeitpunkte in den USA fand er in der Forschung für das Radio 1920, fürs Fernsehen 1945 und für das Internet 1989. Überwiegend mit Hilfe amtlicher US-Statistiken gab es recht schnell nach dem Start gut 16 Millionen Radiohörer, 17 Millionen Fernseh-Zuschauer und an sechs Millionen Internet-User. Nach jeweils 10 Jahren durchbrachen alle drei Neuheiten die 50-Millionen-Grenze: mit 56 Millionen das Radio, mit 80 Millionen das Fernsehen und mit 79 Millionen das Internet. Auf die Anteile an der jeweiligen Gesamtbevölkerung verteilt, führten diese absoluten Zahlen nach 10 Jahren zu einem Verbreitungsgrad von 30 Prozent Internet, 45 Prozent Radio und 50 Prozent Fernsehen. Beim Internet war es also gar nicht anders als zuvor: Es gibt immer genug Menschen, die sich für Neues begeistern oder interessieren. So wie es stets ein wenig dauert, bis radikale Neuheiten jene kritische Masse bilden finden, die es für die Marktfähigkeit braucht – bei Qualitätsmedien und beim Boulevard.

Internet der Dinge

Das erste Jahrzehnt des 21. Jahrhunderts, meinen aufmerksame Beobachter, wird als jenes in die Geschichtsbücher eingehen, welches das Internet zum Massenphänomen werden ließ. Zwischen 2000 und 2010 fand die große Vernetzung statt. Praktisch alle Personal Computer und sonstigen leistungsfähigen Kommunikations-Geräte - Mobiltelefone, Spielkonsolen usw. – verschmolzen zu einem einzigen Netz, immer engmaschiger und noch integrierter. Dieser Prozeß ist jetzt nahezu komplett. Rechner, Smartphones und Unterhaltungsgeräte kommen fast alle nur noch internetfähig auf den Markt. Manche glauben deshalb, mehr Vernetzung ginge nicht.

---

1 Hannemyr, Gisle (2003): The Internet as Hyperbole: A critical Examination of Adoption Rates. In: Information Society, 19/2, S. 111–121.

Doch Gurus prophezeien schon seit langem als nächsten Entwicklungssprung das Internet der Dinge.

In Anfängen ist das schon zu sehen: mit dem Internet verknüpfte Fernseher, Blu-ray-Player und Soundsysteme allüberall. Alltagsgeräte, die bisher niemand der IT-Welt zuordnen würde, gehen dann via WLAN oder andere Funknetze online, laden Informationen aus dem Internet, verschicken Daten oder kommunizieren mit anderen Computern innerhalb oder außerhalb des eigenen Haushalts. Vom intelligenten Backofen und Herd, Vorrats- und Kühlschrank, Geschirrspüler und Waschmaschine und so weiter ist die Rede. Der smarte Backofen und Herd etwa holt sich die optimalen Einstellungen für die Zubereitung eines Gerichtes direkt aus dem Internet. Den Kühlschrank kann der Kundige von unterwegs wärmer oder kälter schalten und sich informieren lassen, welche Lebensmittel aus sind und nachgekauft werden müssen – am besten gleich als Einkaufsliste für den Halt im Supermarkt.

Allem und jedem seine IP-Adresse

Autos mit UMTS-Anschluss und WLAN-Fähigkeit gibt es schon vereinzelt. Die diesjährige *Consumer Electronics Show* (CES) in Las Vegas präsentierte Autos mit noch viel mehr an Technologie und Internet-fähigen Neuheiten als je zuvor. Daß alles Fahrbare seine eigene *IP-Adresse* kriegt, scheint festzustehen. Über sein Smartphone vom Frühstückstisch aus die Standheizung einzuschalten, dürfte bald zum Standard des Autofahrens zählen. Familie und Freunden die baldige Ankunft aus dem Auto melden, hat *BMW* unter Einsatz von *Facebook* in seinem *Mini* schon auf den Markt gebracht.

Es schwindelt, aus der Futuristen-Szene zu hören, daß 35 Milliarden Geräte heute mit dem Internet verbunden sind. Die Zahl ist nicht nur größer als die der Weltbevölkerung. Angeblich steuern wir 1.000 Milliarden, eine Billion, vernetzter Geräte an – vor allem durch weiter stark wachsende urbane Infrastrukturen. Daß auch Tiere eines Tages weltweit über einen RFID-Chip identifizierbar sein können, haben Verbraucherschützer im Visier. Wie tiefgreifend der Wandel unseres Alltags sein wird, wie aber auch unsere

Abhängigkeit von Techniken weiter zunehmen und anfällig gegen natürliche und künstliche Störungen machen wird, beginnen wir wohl erst zu ahnen. Sich auf massive Beeinträchtigungen der vernetzten und Energie-abhängigen Zivilisation bei Naturkatastrophen und Terroranschlägen vorzubereiten, wird zur zusätzlichen Herausforderung an die technologische Vorsorge – für alle Kommunikations-Systeme vorneweg. Denn ohne Kommunikation geht gar nichts.

Das Internet der Dinge wird jedenfalls das Geschäft in allen Feldern ankurbeln, in jedem Fall aber die vernetzte Welt der Kommunikation noch größer und noch komplexer machen.

Und auch das Internet der Dinge braucht jede Menge Klasse in den Inhalten und an Orientierung. Das zweite Jahrzehnt des 21. Jahrhunderts verspricht offenbar nicht weniger, sondern mehr Herausforderungen und Chancen als das abgelaufene.

3. Themenanalyse Online-Meinungsführer von Mikael Erola

3.1. Methodologische Anmerkungen

Die Unterscheidung zwischen Online- und anderen Quellen stellte eine Schwierigkeit für die Auswertung der zitierten Medien dar. Für diese Analyse wurde ein Online-Medium dann als Quelle codiert, wenn dies im Zusammenhang des Zitates erwähnt wurde oder wenn auf das Online-Angebot verlinkt wurde. In den Texten wird allerdings sehr schnell deutlich, daß viele Autoren in den analysierten Online-Quellen auf die zitierten Medien mit dem einfachen Namen des Mediums – zum Beispiel „Spiegel“ – verweisen, damit aber eben Inhalte aus dem Online-Angebot meinen. Dies wurde im Laufe der Analyse mehrfach erkennbar, entweder in der Beschreibung der plazierten Links oder indem etwa bei Wochenmedien auf Inhalte verwiesen wurde, die aus Tagen stammten, an denen das Printmedium gar nicht erschienen. Es ist davon auszugehen, daß bei vielen aktiven Online-Nutzern das Online-Angebot in der Wahrnehmung bereits zum hauptsächlichen Produkt geworden ist.

Andererseits gab es zahlreiche Fälle, in denen dies nicht so war, sondern bei denen die Autoren von User Generated-Beiträgen tatsächlich die Nicht-Online-Versionen gemeint haben. In einigen Fällen wurden sogar Passagen manuell abgetippt, was für die von Copy/Paste dominierte Online-Kultur eher außergewöhnlich ist.

Deshalb ist die methodologische Frage, ob die Online- und Nicht-Online-Versionen bei der Auswertung zusammengelegt werden sollen, nicht zufriedenstellend lösbar. Zum einen wird dies durch unterschiedliche Strukturen der Redaktionen erschwert. Während es bei einer Gruppe von Medien üblich ist, daß online hauptsächlich Beiträge aus den Hauptprodukten veröffentlicht werden, sind bei anderen, u.a. der Nummer Eins der Auswertung, dem Spiegel, die Redaktionen für Print und Online gänzlich getrennt. **Eine gleiche Behandlung der ungleichen Angebote ist hier also nicht zu vermeiden.**

Dies ist auch ein Problem für die verschiedenen Mediengattungen. Während etwa beim Fernsehen die einzelnen Sendungen sehr unabhängig voneinander produziert werden und ebenso verschiedene Funktionen erfüllen, haben die Sendeanstalten in aller Regel nur ein einheitliches Internetangebot.

Das wird u.a. bei der ARD deutlich: Während die ARD in dem Ranking der zitierten Medien mit der Gesamtheit ihrer Sendungen und auch online den zweiten Platz einnimmt, sind einzelne Sendungen im Ranking der separaten Angebote nicht auf den oberen Plätzen zu finden. Beide Betrachtungsweisen lassen sich begründen, geben aber nur eine Auffassung der Wirklichkeit wieder.

In dieser Analyse wurde von Fall zu Fall entschieden, ob eine separate oder eine kombinierte Auswertung für die jeweilige Fragestellunge sinnvoller war. Beim Verwenden der Ergebnisse ist allerdings auf diese spezielle Problematik zu achten und im Zweifel davon auszugehen, daß ein Teil der in den nicht-redaktionellen Online-Quellen als nicht online angegebenen Zitate tatsächlich trotzdem aus dem Online-Bereich stammen können.

3.2. Die Rolle nicht-redaktioneller Online-Quellen für die Meinungsbildung innerhalb der Internetgemeinschaften

Grafik 1 zeigt, daß nicht-redaktionelle Angebote, also Social Media-Quellen im engeren Sinne, innerhalb der analysierten Beiträge fast 250-mal zitiert wurden. Dies macht beinahe 10 Prozent aller Zitierungen im analysierten Material aus.

Grafik 1: **Meistzitierte Medien und Informationsquellen**

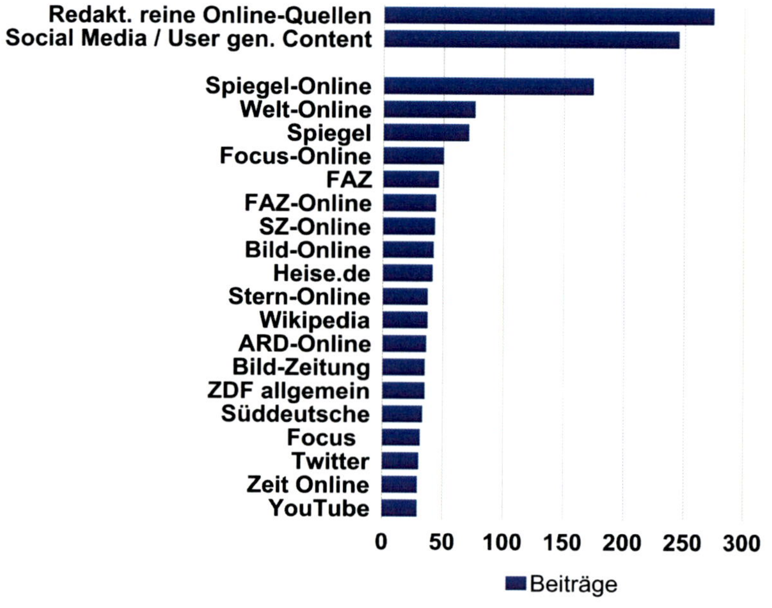

Etwa genauso viele Zitate entfielen auf reine Online-Medien, die kein Ableger eines Print-, Fernseh- oder Rundfunkmediums sind. In aller Regel sind auch diese Quellen der oft semiprofessionellen Kleinpublizistik zuzurechnen, die oft als den nicht-redaktionellen Angeboten nahestehend wahrgenommen werden. Dies zeigt, daß die soziale Komponente nicht nur im Namen der Social Media eine Rolle spielt, sondern daß die Gemeinschaft auch als solche eine Öffentlichkeit bildet, innerhalb der ein gesonderter Austausch stattfindet.

Doch obwohl diese Quellen insgesamt einen verhältnismäßig großen Anteil der Zitate ausmachten, spielte keines der einzelnen Angebote eine wichtige Rolle bei den Rankings der zitierten Medien und anderer Informationsquellen. Vereinzelte Angebote tauchten lediglich in der Diskussion um den Rücktritt von Bundespräsident Köhler auf. Auch dies war überwiegend der Diskussion über die Rolle der Blogger beim Rücktritt geschuldet. Alleine mit den Erwähnungen als Quelle von Information über Köhler hätten die Angebote es nicht auf das Ranking geschafft.

Diese Information ist aufschlußreich zur Beantwortung der **Frage nach der Meinungsführerschaft innerhalb von Online-Gemeinschaften**. Die Auswertung der Blog-, Forum- und Twitter-Beiträge belegt eindeutig, daß trotz der gegenseitigen Verlinkung innerhalb der Gemeinschaft kein Meinungsführer, kein „Alpha-Blog" zu erkennen war. Zwar war die Verlinkung wie auch die daraus folgende Autoritätseinschätzung durch Sysomos unterschiedlich, doch auch die besser etablierten Angebote erreichten hier lediglich mittlere Werte und eher bescheidene Zitierungszahlen. Für diese Studie wurden aus Blogs und Foren Angebote mit einem Autoritätswert von mindestens 3 analysiert. Mit dieser Einschränkung sollte die unabhängige Kleinpublizistik mit erfaßt werden, Beiträge, die innerhalb keiner Gemeinschaft wahrgenommen werden, ausgeschlossen werden.

Darüber hinaus war die Position der einzelnen Blogs sehr beweglich. Als Beispiel dienen aus der Diskussion über Köhler die Blogs „Beim Wort genommen" sowie „Bundeshorst". Auch wenn die Zahl der Zitate für diese Blogs sich auf das Gesamtranking nicht auswirkte, spielten sie eine Rolle in der Diskussion über Köhler vor seiner Rücktrittsankündigung und folglich auch in der Auseinandersetzung über die Rolle der Blogger danach. Die Autoritätswertung von Sysomos für diese beiden Blogs lag allerdings lediglich bei 4. Dies zeigt, daß die Aufmerksamkeit innerhalb der Gemeinschaft ausreicht, um auf vereinzelte Angebote aufmerksam zu machen, wenn diese Inhalte haben, die für den Rest von Interesse sein könnten, jedoch nur wenig zum Aufmerksamkeitskapital der Angebote hinzufügen.

Es ist auch fraglich, inwiefern Betreiber von nicht-redaktionellen Inhaltsquellen, die ihr Schreiben in aller Regel als Hobby und ohnehin nicht gewerbsmäßig betreiben, überhaupt daran interessiert sind, innerhalb der Gemeinschaft Meinungsführerschaft zu erlangen. Andererseits sind die technischen und strukturellen Unterschiede zwischen Blogs und etablierten Medien mittlerweile häufig so klein, daß gefragt werden kann, ob ein professionell oder semiprofessionell geführtes Angebot noch als Social Medium gezählt werden kann. Als Beispiel dafür gilt das weltweit erfolgreiche und einflußreiche amerikanische Portal „Huffington Post", dessen „soziale“ Komponente nicht notwendigerweise größer ist als bei einem Online-Ableger eines etablierten Mediums, wie jüngst der Erwerb des Portals durch AOL zeigt. Auch Blogs von Medien, wie etwa auf handelsblatt.com oder nytimes.com, unterscheiden sich nicht immer von regelmäßigen Gastbeiträgen, außer daß sie nur im Internet erscheinen.

Daher stützen die Untersuchungsergebnisse die These, wonach die Suche nach Meinungsführern innerhalb von Online-Communities eher sekundär ist. Vielmehr sind die Social Media als Gesamtheit zu betrachten. Da das Agenda Setting innerhalb der Gemeinschaften primär im Austausch mit den etablierten Medien und durch Nachahmungseffekte innerhalb der Gemeinschaft mit eingeschränkter Neigung zu direkten Zitaten geschieht, sind bei der Analyse und Beurteilung der Social-Media-Inhalte einzelne Quellen weniger ausschlaggebend. Relevant sind Bewegungen innerhalb der gesamten Gemeinschaft, inklusive der weniger autoritativen Angebote.

Allerdings sind hier in den nächsten Jahren noch Änderungen zu erwarten, wenn der Trend zu mehr kostenpflichtigen Online-Inhalten wieder stärker in Gang kommt. **Im Unterschied zu Printmedien ist die wichtigste Form der Zitierung in den Social Media eindeutig das Verlinken.** Das ist allerdings problematisch, wenn der Inhalt hinter dem Link nicht frei zugänglich ist. Da aber der Nutzen der Verlinkung zu Social Media für etablierte Online-Medien gering ist, spielt das wahrscheinlich bei Entscheidungen über mögliche Zugangsbeschränkungen keine wichtige Rolle.

Hinzukommt, daß die wenigsten Online-Medien auch nach mehr als 15 Jahren des Experimentierens im Internet profitabel arbeiten. Daher werden vor allem die qualitativ höherwertigen Online-Medien auf lange Frist nicht mehr Inhalte in gewohnter Qualität kostenlos anbieten. Dies könnte auch das Verhältnis der nicht-redaktionellen Anbieter zu den professionellen Redaktionen ändern. Interessant ist, daß die Popularität sozialer Angebote einerseits äußerst schwierig kommerziell zu verwerten ist, andererseits einen Einfluß in die Meinungsbildung innerhalb dieser Gemeinschaften ermöglicht. Sind die bisherigen Meinungsführerangebote aus wirtschaftlichen Gründen demnächst dazu angehalten, diese

Rolle aufzugeben, ist es von entscheidender Bedeutung für die Entwicklung der Social Media, wie sie dieses Vakuum füllen.

Um diese Fragen im Einzelnen näher beantworten zu können, wurden für diese erste Analyse eine Auswahl von 10 Themen mit politischer und wirtschaftlicher Bedeutung gewählt. Wobei die Auswahl davon bestimmt war, daß in beiden Bereichen Themen auszuwählen waren, die einerseits große Prominenz aufwiesen wie der Rücktritt von Bundespräsident Horst Köhler oder eher Nischen-Themen darstellen wie die Entwicklung in Nord-Korea im Bereich Politik oder prominente Skandalthemen wie der BP Oil Spill einerseits oder die Mittelstandsstudie andererseits.

Mit dieser Themenauswahl sollte die Meinungsführerschaft in ihren unterschiedlichen Ausprägungen untersucht werden können – und mit ihnen auch die Qualität der Diskussions-Beiträge.

3.3. Themenanalyse 1: Köhler-Rücktritt

Der Rücktritt von Bundespräsident Köhler war zweifelsohne eines der wichtigsten, wie auch eines der überraschendsten politischen Ereignisse des Jahres 2010. Da in diesem Zusammenhang besonders intensiv über die Rolle der Blogger-Szene für Köhlers Entscheidung spekuliert wurde, lohnt es sich hier, das Thema genauer zu untersuchen.

Bei der rein technischen Betrachtung zeigen die Grafiken 2a und 2b, daß eine größere Auseinandersetzung über Köhler im Vorfeld seines Rücktritts am 31.5.2010 eindeutig nicht stattgefunden hat.

Grafik 2a: **Timeline Köhler-Rücktritt**

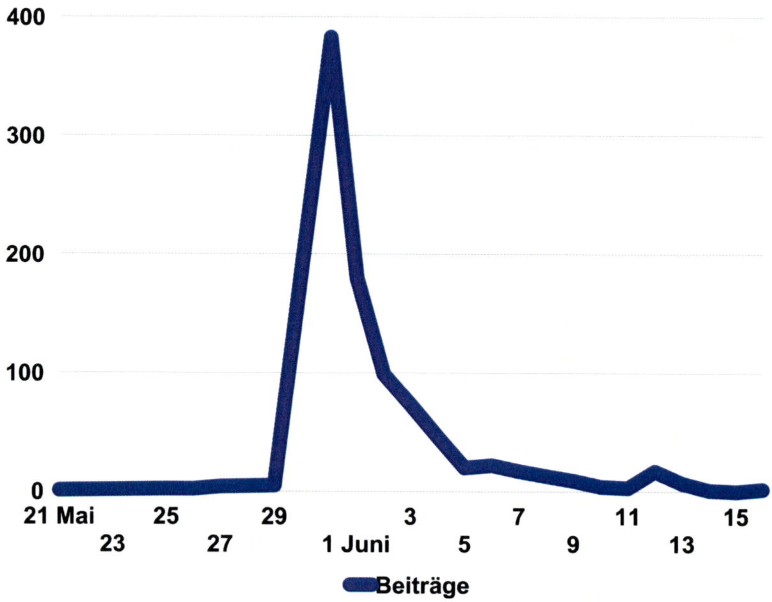

Grafik 2b: **Timeline Köhler mit klassischen Medien**

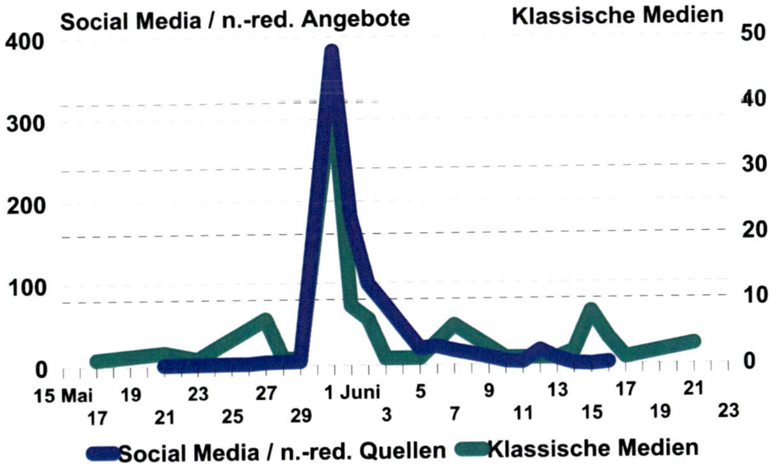

Im Zeitraum zwischen dem 22. und 30.5. ist zwar einige Diskussionsaktivität zu erkennen. Allerdings war das Thema im Verhältnis zu normalen Werten für ein Staatsoberhaupt weitaus schwächer in der Aufmerksamkeit der nicht-redaktionellen Anbieter als etwa in der Berichterstattung der klassischen Medien, in denen auch schon vor dem 31.5. ein Anstieg des Interesses zu erkennen ist.

Die Grafik 3 zeigt allerdings, daß die nicht-redaktionellen Quellen im Gesamtzeitraum durchaus eine wichtige Rolle spielten.

Grafik 3: Meistzitierte Medien Köhler

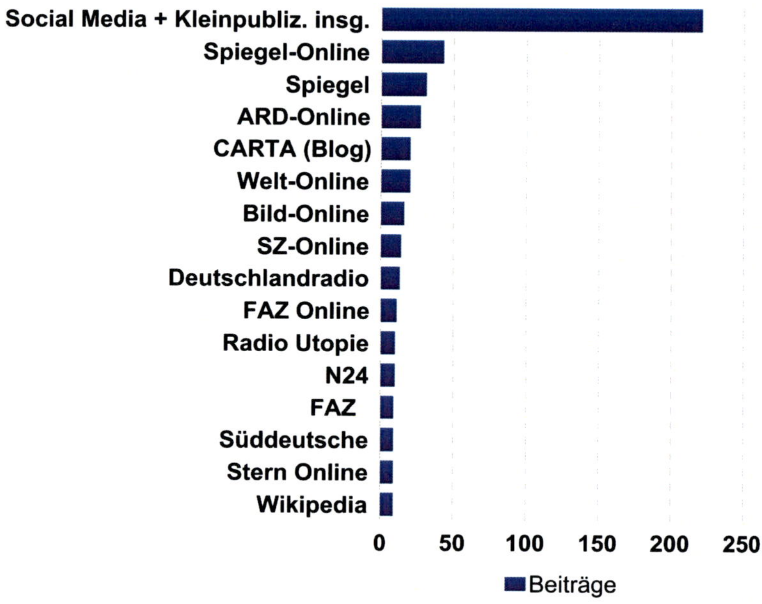

Etwa ein Viertel aller zitierten Medien gehörte der Gattung der Social Media oder sonstigen kleinpublizistischen Nischen an. Dies darf man allerdings nicht überbewerten: Ein hoher Anteil sowohl der Zitate als auch der Beiträge aus nicht-redaktionellen Quellen selbst befaßte sich weniger mit dem Rücktritt selbst, sondern vielmehr mit dem als Vorwurf verstandenen Behauptungen, daß die Blogger für den Rücktritt verantwortlich seien. Die Auseinandersetzung verwirrte also in diesem Fall die Evidenz, die sie möglicherweise als berechtigt hätte ausweisen können. Da allerdings bereits belegt ist, daß eine größere Diskussion im Vorfeld des Rücktritts in den nicht-redaktionellen Quellen nicht stattfand, erübrigt sich dieser Nachweis.

Die Grafik 4 über die Authority-Werte der analysierten Beiträge über Köhler birgt keine großen Überraschungen. Eine rege Diskussion im Forum von Spiegel-Online führte zu einer hohen Zahl von Beiträgen mit dem Authority-Wert 10. Darüber hinaus bewirkte die Diskussion über die Rolle der Online-Quellen eine relativ hohe

Präsenz der mittleren Authorities, wobei jedoch der niedrigste analysierte Wert, Authority 3, noch stärker vertreten war.

Grafik 4: Authority der Beiträge – Köhler

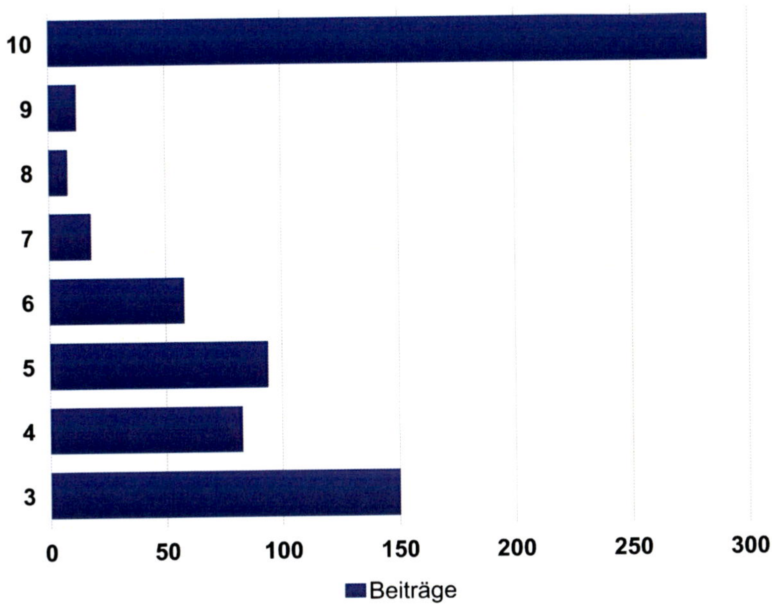

Die vielfältige Struktur der Authority-Werte läßt allenfalls auf eine große Diskussionsbereitschaft schließen. Bei einem Thema wie dem Rücktritt eines Bundespräsidenten entspricht dies jedoch lediglich der Erwartung. Eine besondere Rolle der nichtredaktionellen Quellen läßt sich daraus nicht ableiten.

Die heiße Frage: Wurde der Rücktritt von Köhler von den Bloggern erzwungen?

Nachdem Bundespräsident Horst Köhler seinen Rücktritt bekanntgegeben hatte, hieß es in einigen Medienberichten, die Social Media, oder genauer gesagt die Blogosphäre, hätten Köhler zum Rücktritt gezwungen. Mehrere Medien warfen der Community vor, nach dem umstrittenen Köhler-Interview im Deutschlandradio das Thema auf die Agenda gezwungen zu haben. Innerhalb der Social

Media-Szene wurde der Vorwurf sowohl entschieden bestritten, als auch als Zeichen mangelnden Verständnisses der etablierten Journalisten den Social Media gegenüber angesehen.

Die Analyse der Online-Diskussion gibt dem Standpunkt der Blogger zunächst recht. Insgesamt wirft der Vorfall jedoch wieder Fragen über die Rolle und die Grenzen der Social Media innerhalb des gegenwärtigen Medienalltags auf.

Am 22.5.2010 wurde im Deutschlandradio ein Interview mit Horst Köhler ausgestrahlt, das die folgende Passage enthielt:

> *„Meine Einschätzung ist aber, daß insgesamt wir auf dem Wege sind, doch auch in der Breite der Gesellschaft zu verstehen, daß ein Land unserer Größe mit dieser Außenhandelsorientierung und damit auch Außenhandelsabhängigkeit auch wissen muss, daß im Zweifel, im Notfall auch militärischer Einsatz notwendig ist, um unsere Interessen zu wahren, zum Beispiel freie Handelswege, zum Beispiel ganze regionale Instabilitäten zu verhindern, die mit Sicherheit dann auch auf unsere Chancen zurückschlagen negativ, bei uns durch Handel Arbeitsplätze und Einkommen zu sichern.“*
> (Quelle: http://www.dradio.de/aktuell/1191138/)

Später am Tag erschien das Zitat auch in einigen anderen Medien, wurde aber journalistisch in der Breite nicht aufgegriffen. Allerdings wurde in einigen Blogs bereits darauf hingewiesen, daß Köhlers Äußerungen nach Ansicht einzelner Blogger im Konflikt mit dem Grundgesetz stünde und weiterer öffentlicher Aufmerksamkeit bedürfe. Es entzündete sich sodann eine Diskussion, die aber zunächst noch im kleinen Maßstab blieb. Erst am 27.5.2010, als ein Redakteur des Deutschlandfunks das Zitat in einem Interview mit Ruprecht Polenz thematisierte, wurde das Thema in den anderen Medien ebenfalls großflächig aufgegriffen.

Eines der betroffenen Blogs „Carta“ berichtet wie folgt:

> *„Auf Carta-Nachfrage erklärt DLF-Chefredakteur Stephan Detjen, erst nachträglich von den Blog-Protesten erfahren*

> *zu haben. Die späte Thematisierung habe insbesondere auch mit dem Koch-Rücktritt zu tun. Der Deutschlandfunk habe auch sehr viele Hörerrückmeldungen zum Köhler-Zitat erhalten.*“ (Quelle: http://carta.info/28218/horst-koehler-ein-ruecktritt-unter-blog-mitwirkung/)

Aufgrund der Analyse der Diskussion ist dies nachvollziehbar. Die Präsenz des Themas war zwar auf einem kleinen Niveau bereits in der Zeit vor dem 27.5. erkennbar. Eine größere Auseinandersetzung über das Thema begann jedoch erst nach dem Polenz-Interview. Da selbst populäre Blogs im Vergleich zu Massenmedien von nur kleinen Kreisen gelesen werden, ist nicht davon auszugehen, daß die vielen Hörermeldungen beim DLF auf die Blog-Aktivität zurückzuführen wären. In so einem Fall würde die Kurve zwischen 22. und 27.5. gleichmäßiger steigen und die Zunahme der Menge wäre genauer erkennbar. Vielmehr ist davon auszugehen, daß die Blogs in der Zeit vor dem 27.5. ein allgemeines Phänomen reflektierten. Die Aussage Köhlers mag bei einem Teil der Hörer des Interviews aufgefallen sein, darunter auch einigen, die einen Blog betreiben.

Kein Phänomen der nicht-redaktionellen Angebote

Geht man davon aus, daß der Beitrag im Deutschlandfunk das Faß zum Überlaufen brachte und somit direkt oder indirekt der Grund für den Rücktritt war, dann kommt möglicherweise vereinzelten Menschen, die auch Blogger waren, eine gewisse Bedeutung zu. Ist dies aber der Fall, liegt dies nicht an der Blogging-Aktivität selber, sondern eher an der persönlichen Mühe der Betreiber, mit den Medien zu kommunizieren. Das Existieren des Internets kann hier durchaus eine Rolle gespielt haben, vor allem deswegen, weil es ermöglicht hat, Beweise für die umstrittenen Sätze Köhlers zu sichern und mit wenig Mühe zu reproduzieren. Die Frage, ob die besagten Blogger ohne das Internet und ohne ihre Blogger-Community die Mittel gehabt hätten, das Thema bei den Medien entsprechend wirksam durchzusetzen, ist berechtigt, jedoch nicht unbedingt für die Medien-Inhaltsanalyse.

Denn aus der Sicht der Medienwirkungs-Analyse ist klar: Der Rücktritt von Köhler wurde nicht von der Blogosphäre oder den Social Media herbeigeführt. Wenn aktive – oder gegebenenfalls auch nur frustrierte oder empörte – Bürger sich Mühe geben, um ein Thema an die Öffentlichkeit zu bringen und dabei Themen in ihren privaten Blogs ansprechen, ist dies noch kein Social Media-Phänomen. Für die nicht-redaktionellen Anbieter allgemein spielte das Thema erst eine Rolle, nachdem das traditionelle Medium Deutschlandfunk es bereits übernommen hatte. Die kritische Masse an Aufmerksamkeit konnte für das Thema erst durch den Deutschlandfunk gewonnen werden. In der Blogosphäre entstand keine Massenbewegung, die dies herbeigeführt hätte, noch sind die Redakteure beim Deutschlandfunk eigenständig auf die entsprechenden Inhalte in den Blogs gelangt. Daß engagierte Bürger Medien auf Themen bringen, die sonst hätten übersehen werden können, ist wiederum kein neues Phänomen des Internetzeitalters, noch weniger des sogenannten „Web 2.0“. Auch fehlt der entscheidende Nachweis, daß die Aktivitäten dieser bloggenden Bürger überhaupt der entscheidende Anlaß war, weswegen das Thema es schlußendlich in die Medien schaffte.

Aber Online-Monitoring lohnt

Für die Markt- und Meinungsforschung ist diese Erkenntnis allerdings dennoch relevant: Obwohl für nicht-redaktionelle Anbieter noch keine Meinungsführerrolle in der Gesellschaft nachgewiesen werden kann, können sie dennoch dazu herangezogen werden, wenn es darum geht, einen Einblick in die Meinungswelt der Bevölkerung zu bekommen. So wäre in den Tagen vor dem Köhler-Rücktritt zu erkennen gewesen, daß sich eine negative Stimmung aufbaut.

Allerdings bewirkt die ständige Zunahme von Information in den nicht-redaktionellen Angeboten sowie im Internet insgesamt, daß das Finden der relevanten Information immer mehr Zeit und Aufwand kosten kann. Deshalb ist inzwischen in den meisten Fällen eine reine stichwortbasierte Beobachtung nicht mehr ausreichend, sondern es lohnt sich für Unternehmen, Vereine und Medien, Online-Monitoring als Teil jeder Online-Strategie insgesamt zu etablieren.

3.4. Thema 2: Die Kandidatur Joachim Gaucks

Im Zusammenhang mit dem Rücktritt von Horst Köhler bietet es sich an, die unerwartete Kandidatur von Joachim Gauck als Köhlers Nachfolger ebenfalls genauer zu analysieren. Gauck, der von dem Grünen-Politiker Trittin als Überraschungskandidat ins Spiel gebracht wurde, könnte für nicht-redaktionelle Anbieter wegen seiner schlechten Chancen, von der Bundesversammlung gewählt zu werden, interessant gewesen sein – obschon die Meinungsumfragen ihn sehr schnell nach der Nominierung in der Beliebtheit vor dem Gegenkandidaten Wulff sahen – nicht zuletzt aufgrund eines massiven Einsatzes der Print-Medien, die sich in einem einmaligen Vorgehen auf Titelseiten für einen der Kandidaten offen aussprachen.

Aufgrund des bestehenden Wahlsystems durch die Bundesversammlung waren eher keine Überraschungen zu erwarten gewesen, aber die unerwartete Schwächung der Kanzlerin führte die Meinungsführer-Medien zu einer für deutsche Verhältnisse ungewohnt klaren Positionierung. Deshalb konnte eigentlich davon ausgegangen werden, daß der Fall Gauck auch in den Social Media als eine seltene Chance zur Partizipation und Einflußnahme angesehen wurde und dieser Fall unmittelbar nach dem Fall Köhler zusätzlich motiviert hätte – insbesondere wenn die seltene Chance bestand, das stereotypisch Normale in der Politik einmalig mit begrenztem Zeitaufwand ins Gegenteil zu verkehren.

Die Grafiken 5a und 5b zeigen für die Präsenz von Gauck eine ähnlich starke Korrelation mit der Berichterstattung der Medien wie im Fall Köhler.

Grafik 5a: Zeitverlauf Gauck

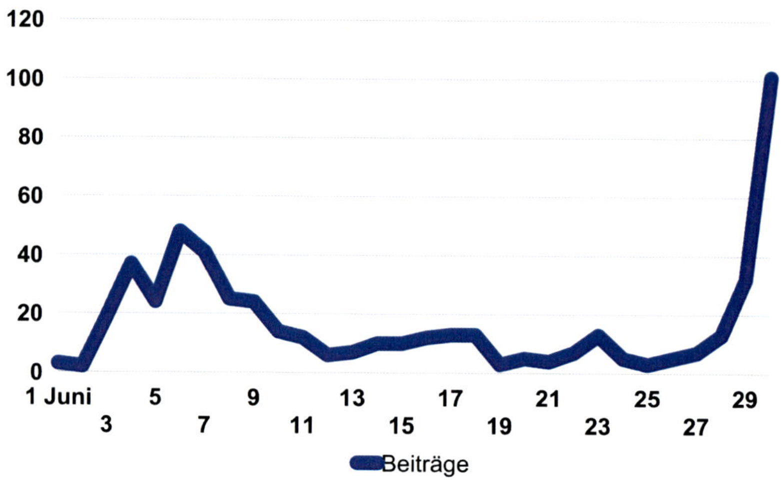

Chart 5b: Zeitverlauf Gauck, Vergleich klassische Medien

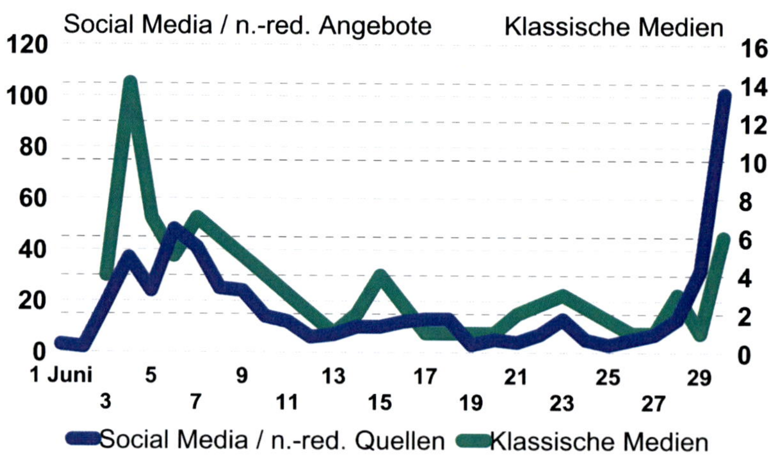

Die Zahl der Beiträge laut Sysomos ™ war mit 520 allerdings deutlich geringer als die 915 Beiträge über Köhler. Die Aufmerksamkeit für Gauck ließ außerdem nach Bekanntgabe der Kandidatur wieder schnell nach, um erst kurz vor dem Wahltag wieder anzusteigen. Dies kann damit zusammen hängen, daß auch die Medien einen Sieg von Gauck bei der Wahl aufgrund des Wahlsystems für äußerst unwahrscheinlich hielten und das realpolitische Potential der Kandidatur deswegen als gering ansahen. Anhand der Daten läßt sich dies allerdings nicht eindeutig belegen.

Einen deutlichen Unterschied zu Köhler zeigt allerdings die Grafik 6 über die meistzitierten Medien in der Diskussion. Während mehr als ein Viertel der zitierten Quellen bei Köhler nicht-redaktionelle Angebote waren, rangieren diese bei Gauck nicht einmal unter den Top 10.

Grafik 6: **Meistzitierte Medien Gauck**

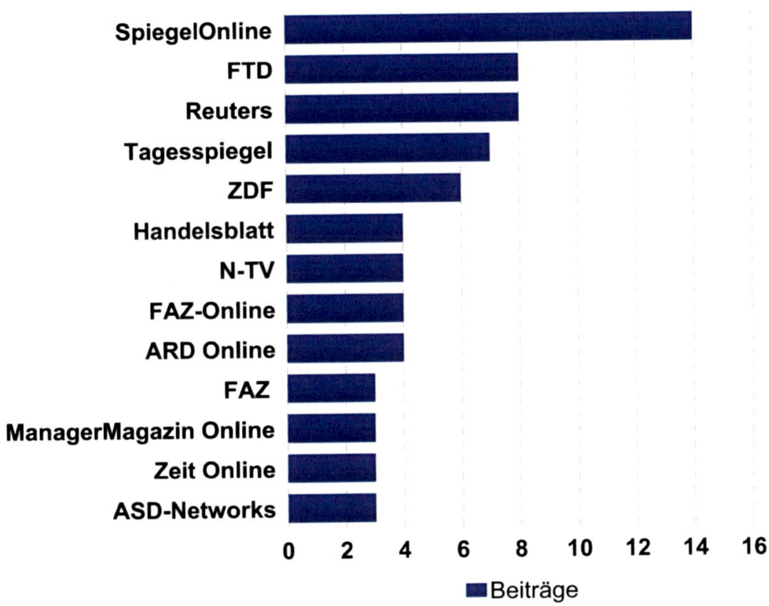

Der Vergleich dieser beiden Fälle zeigt, daß die Rolle von Blogs und anderer sozialer Quellen beim Köhler-Rücktritt, obschon eindeutig nicht als ein durch die Social Media herbeigeführtes Ereignis, deutlich stärker ausfiel als bei einem eher gewöhnlichen Prozeß politischer Personalentscheidungen wie bei Gauck. Doch, wie bereits im Kapitel über Köhler erwähnt, handelt es sich hier um eine selbsterfüllende Prophezeiung bzw. Unterstellung, da die Debatte über die Rolle der Social Media im Fall des Köhler-Rücktritts selbst eine Diskussion über das Thema auslöste.

Aus der Grafik 7 wird zudem deutlich, daß die Authority-Struktur in der Diskussion über Gauck zwar gleichmäßiger war als bei Köhler, sich jedoch insgesamt dann doch wieder nur verhältnismäßig wenig davon unterschied.

Grafik 7: **Authority der Beiträge / Gauck**

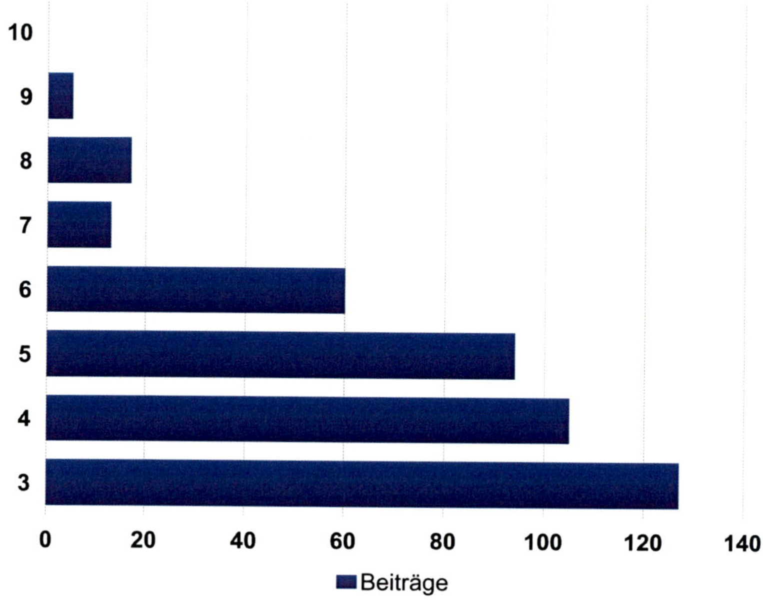

Der größte Unterschied ist das Fehlen der Beiträge mit den höchsten Autoritätswerten. Bei den immer noch relativ geringen Fallzahlen darf dies aber nicht überbewertet werden.

3.5. Thema 3: Jürgen Rüttgers und die NRW-Landtagswahl

Ein weiteres Beispiel aus der Welt der Politik bieten der Sturz Jürgen Rüttgers und die Landtagswahl in Nordrhein-Westfahlen. Am 9.5.2010 verlor die schwarz-gelbe Landesregierung und Ministerpräsident Jürgen Rüttgers in Nordrhein-Westfalen die Regierungsmehrheit. Sowohl vor als auch nach der Wahl verstiegen sich die Kritiker auf die These, Rüttgers habe im Wahlkampf den Druck aus der Online-Gemeinschaft nicht ernst genug genommen, was zu der Niederlage beigetragen habe. Die Daten aus Blogs, Foren und Twitter unterstützen diese These nicht.

Grafik 8a: **Zeitverlauf Rüttgers / Landtagswahl**

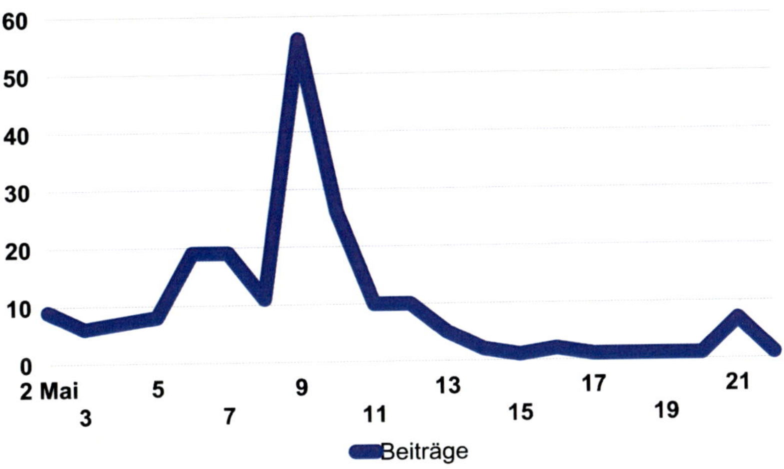

Grafik 8b: **Zeitverlauf Rüttgers, Vergleich klassische Medien**

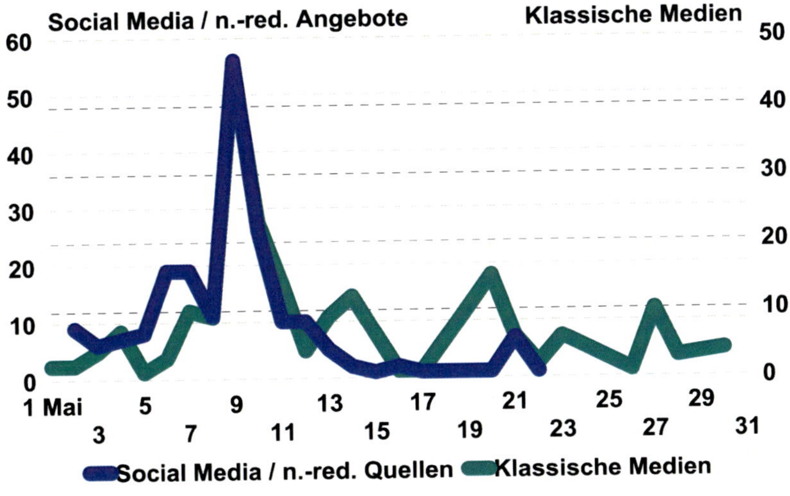

Die Zahl der Beiträge über Rüttgers in der Online-Diskussion korreliert stark mit dem Umfang der Berichterstattung in den traditionellen Medien. Dies ist zwar kein klares Zeichen für eine innovative und aktive Nutzung der Möglichkeiten, die sich angeboten hatten. Allerdings ist anhand der Zahlen aber auch nicht davon auszugehen, daß Rüttgers einen erkennbaren Nachteil aus der Thematisierung in den nicht-redaktionellen Angeboten erfahren hätte. Mit 203 Beiträgen war die Gesamtpräsenz in den analysierten Quellen zwar nicht extrem hoch, verglichen mit 520 Beiträgen über Gauck bei einer bundesweiten Wahl jedoch für einen Landespolitiker beachtlich.

Auch die Analyse der zitierten Medien vermag die Vorwürfe von Rüttgers Kritikern nicht zu untermauern. Während die meisten Informationen aus Online-Versionen der wichtigsten etablierten Medien stammten, waren auch Internet-Quellen wie Heise-Online, Golem und Facebook vertreten.

Grafik 9: **Meistzitierte Medien und Infoquellen über Rüttgers**

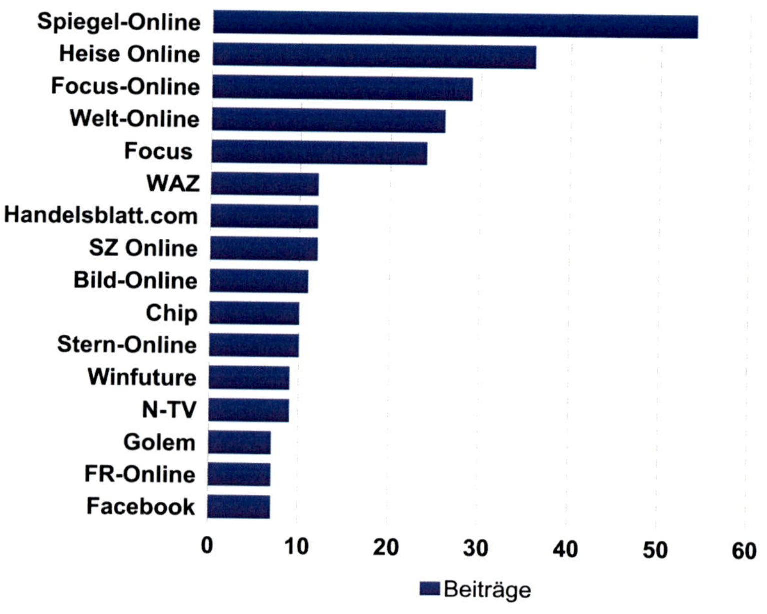

Solche Werte sind für Landespolitiker wie Rüttgers nicht die Regel. Hier ist denkbar, daß diese Debatte als solche die Aufmerksamkeit der Internet-Medien weckte. In diesem Fall hätten dann diese redaktionellen Medien als Multiplikatoren funktioniert und nicht die sozialen Gemeinschaften selbst. Nicht die Diskussion, sondern die Diskussion über die Diskussion hätte in diesem Fall Rüttgers geschadet.

Auch die Struktur der Authority war bei Rüttgers vielfältig und beinhaltete einen hohen Anteil Quellen mittlerer Autorität, die für angesehene privat betriebene Angebote typisch sind.

Grafik 10: **Authority der Beiträge Rüttgers**

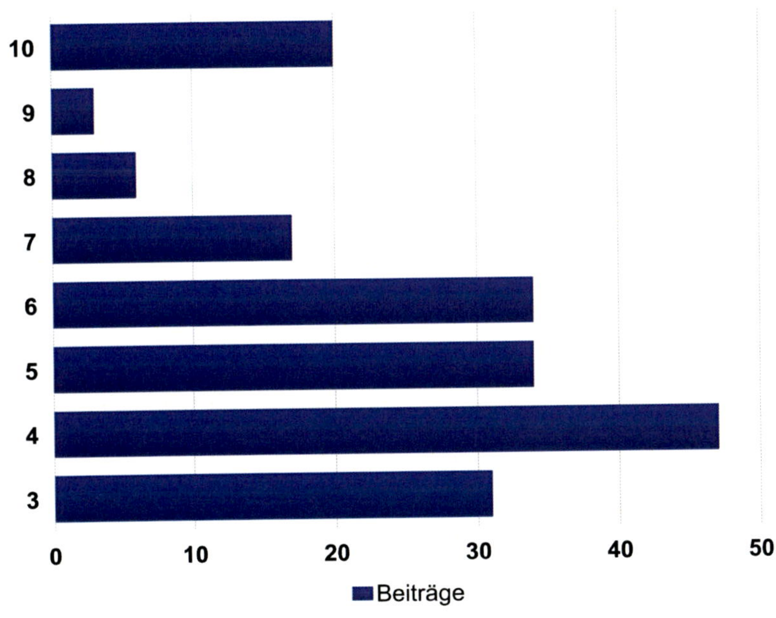

Möglich, daß Rüttgers und die NRW-CDU die Risiken aus dem Internet verkannt und die Chancen nicht effektiv genutzt haben –. Doch obwohl die Struktur der Online-Präsenz von Rüttgers auf eine bescheidene Auseinandersetzung in den nicht-redaktionellen Quellen schließen läßt, zeigt die Präsenzkurve, daß dies nur sehr kurzfristig oberhalb der Wahrnehmungsschwelle gewesen sein kann. Entscheidenden Einfluß auf den Wahlausgang hatte die Diskussion im Internet damit also kaum.

3.6. Themen 4-6 Bankenabgabe, Kopfpauschale und DIW-Mittelstandsstudie

Wirtschaftsthemen und die Grenzen der Aufnahmefähigkeit

In der Untersuchung gab es drei mehr oder weniger unabhängige Wirtschaftsthemen, die neben relevanten aktuellen Entwicklungen während des Untersuchungszeitraums auch andere Ähnlichkeiten aufwiesen:

1. Sie betrafen den Wirtschaftsbereich.

2. Sie waren für den Großteil der Bevölkerung von Relevanz.

3. Sie zu verstehen, setzt ein Grundwissen voraus, das zwar keine besondere Ausbildung oder Qualifikation benötigt, jedoch nicht bei allen Bürgern vorhanden ist.

Im Laufe der Untersuchung ergab sich außerdem eine weitere Ähnlichkeit:

4. Sie bekamen in den nicht-redaktionellen Quellen im Vergleich zu ihrer Bedeutung nur wenig Aufmerksamkeit.

Diese Themen waren die *Bankenabgabe*, die geplante *Kopfpauschale* in der Krankenversicherung sowie die im Juni erschienene Studie des DIW über *das Verschwinden der Mittelklasse* in der Bundesrepublik. Die Relevanz der Bankenabgabe für die Bevölkerung war offensichtlich, da die Steuerzahler seit Anfang der Bankenkrise Gefahr laufen mußten, für mißlungene Geschäfte der Finanzunternehmen haften zu müssen. Eine grundlegende Reform der Krankenversicherung trifft ebenfalls den Großteil der Bevölkerung jeden Monat in ihrem Portemonnaie. Da wiederum der Großteil der Bevölkerung sich der Mittelklasse zugehörig fühlt, ist der langfristige Niedergang dieser Bevölkerungsgruppe für die meisten als Thema höchst relevant.

Die Analyse der Diskussion zeigt, daß alle diese Themen einen Niederschlag in der Online-Diskussion fanden, auch wenn dieser verhältnismäßig gering war.

Grafik 11: **Bankenabgabe**

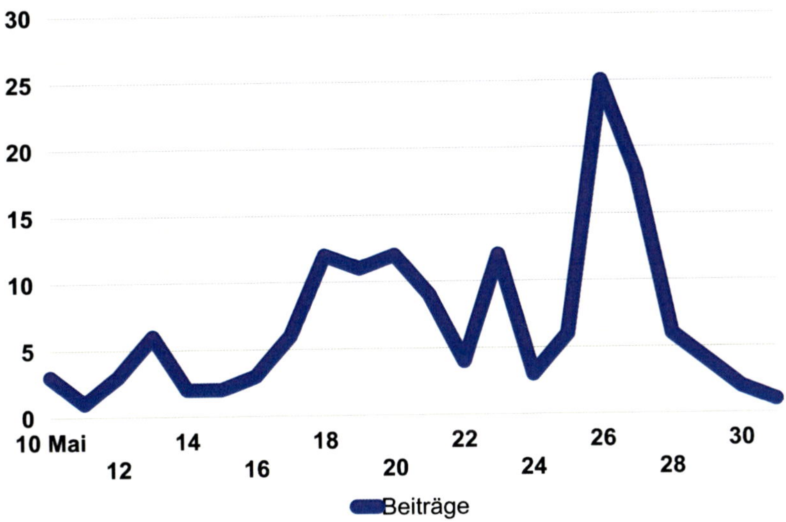

Grafik 12: **Zeitverlauf Kopfpauschale**

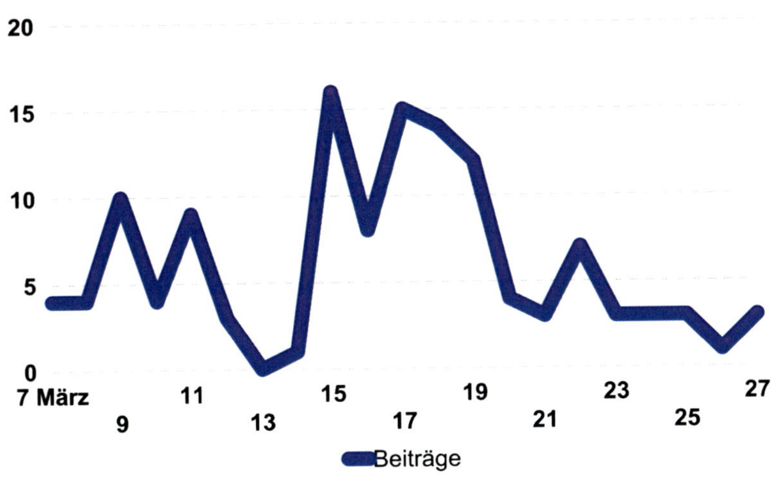

Grafik 13: **Zeitverlauf Mittelklassestudie**

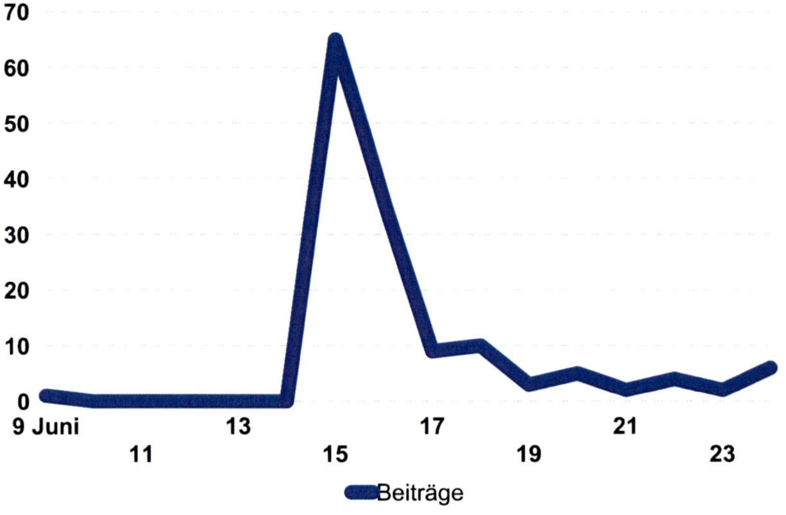

Bei Bankenabgabe und Kopfpauschale war eine langfristige, jedoch insgesamt geringe Präsenz zu beobachten. Die DIW-Mittelklassestudie wiederum löste eine schnelle Reaktion in der Diskussion aus, die sich allerdings auch sehr schnell wieder beruhigte. Die Zahl der Beiträge laut Sysomos ™ war mit 127 (Kopfpauschale), 143 (Mittelklassestudie) und 152 (Bankenabgabe) für die Zeiträume von jeweils drei Wochen zwar nicht völlig vernachlässigbar, jedoch zu gering für eine Diskussion mit einer Reichweite jenseits der jeweiligen Gemeinschaften. Analysiert wurden hier, wie bei allen Themen, nur Beiträge mit einem Authority-Wert von mindestens 3.

Einige interessante Unterschiede sind jedoch bei den zitierten Medien zu beobachten.

Grafik 14: **Meistzitierte Medien Bankenabgabe**

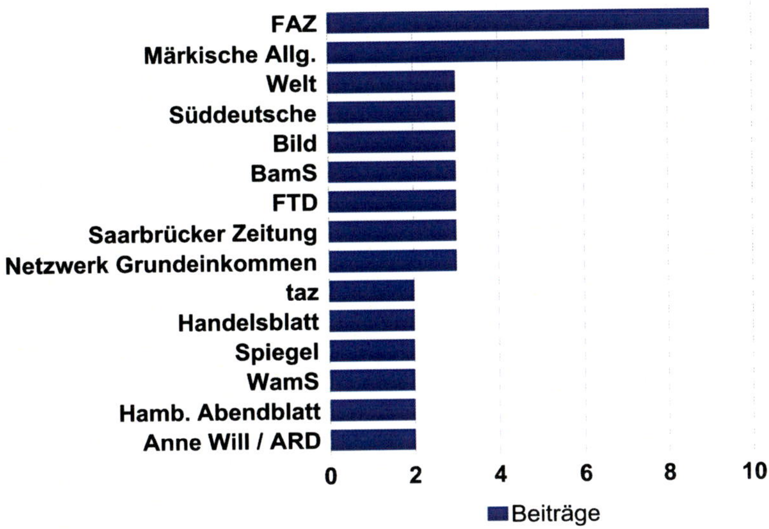

Grafik 15: **Meistzitierte Medien Kopfpauschale**

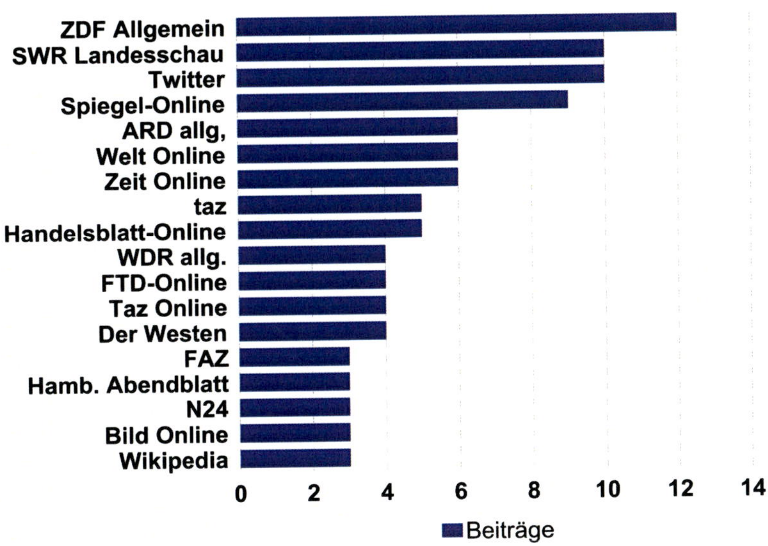

Grafik 16: **Meistzitierte Medien Mittelklassestudie**

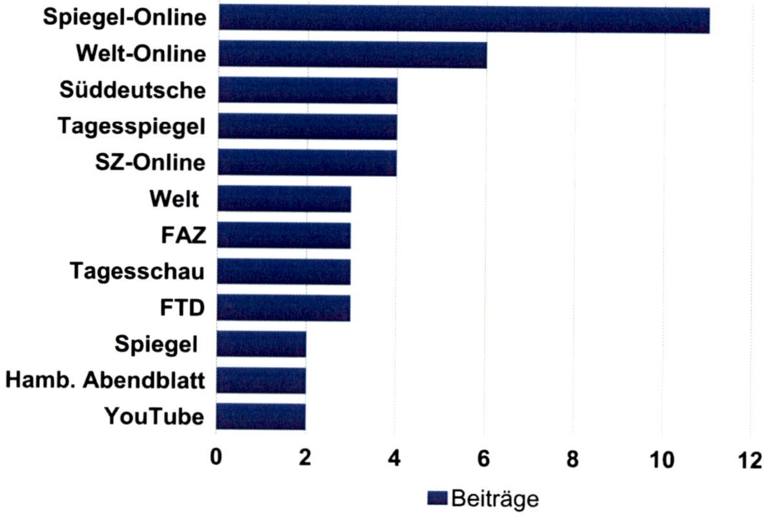

Während bei fast allen Themen die Online-Medien bei den Zitaten dominierten, waren bei der Bankenabgabe beinahe nur traditionelle Medien im Ranking vertreten. Dies zeigt allerdings nicht unbedingt, daß die Autoren ihre Informationen aus den gedruckten Zeitung holten, sondern kann auch bedeuten, daß die Autorenschaft so Internet-affin war, daß in den Beiträgen gar nicht erwähnt wurde, daß es sich um die Online-Version handelte (siehe Kapitel 3.1. über die Methodik).

Unterschiede gibt es außerdem bei den Authority-Werte.

Grafik 17: **Authority der Beiträge Bankenabgabe**

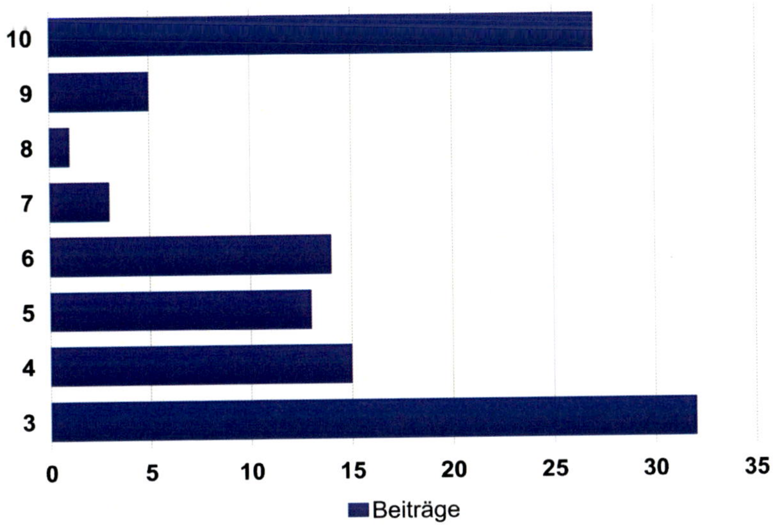

Grafik 18: **Authority der Beiträge Kopfpauschale**

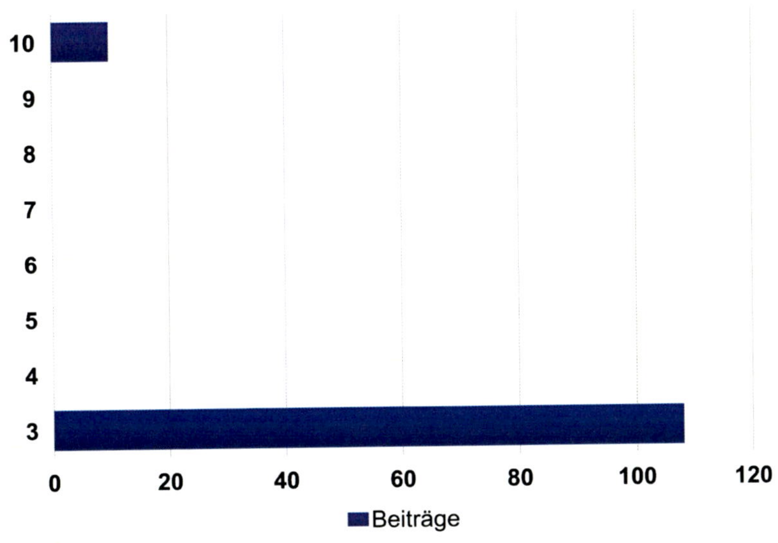

Grafik 19: **Authority der Beiträge Mittelklassestudie**

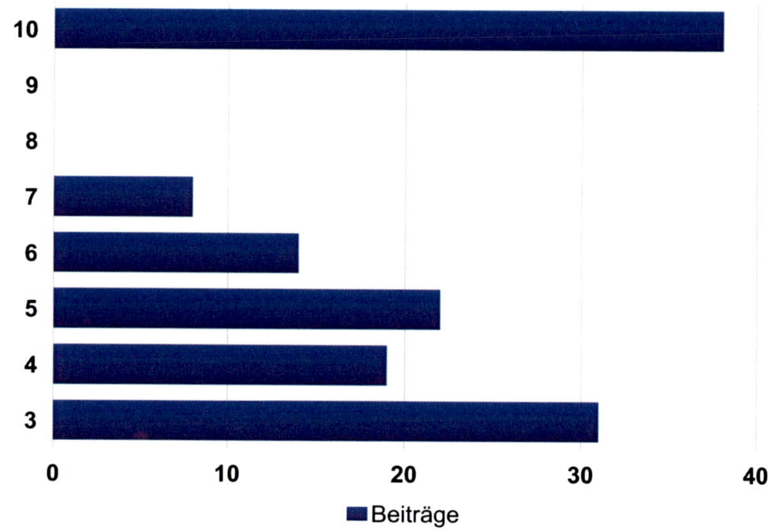

Auch wenn die niedrige Fallzahl keine zu weitreichenden Schlüsse erlaubt, ist die Struktur der Quellen bei der Kopfpauschale mehr als auffällig. Während die Bankenabgabe sowie auch die Mittelklassestudie eine ausgesprochen vielfältige Struktur der Authority-Werte aufwies, stammten die Erwähnungen der Kopfpauschale fast ausschließlich aus Blogs mit niedriger Autorität.

Die Ergebnisse bieten Antworten auf einige Fragen, werfen aber auf der anderen Seite auch weitere auf. Die Zahl der Beiträge zeigt deutlich, daß die Massentauglichkeit eines Diskussionsthemas rapide abnimmt, wenn das Anforderungsniveau für die Teilnehmer auch nur geringfügig ansteigt. Besonders deutlich ist dies beim Thema Bankenabgabe: Als die Banken und andere Finanzunternehmen in den Jahren 2008 und 2009 Bedarf für Hilfe vom Staat meldeten, konnte ein Zeitungsartikel innerhalb von einigen Stunden Hunderte verärgerte Reaktionen von den Lesern nach sich ziehen, in denen meistens bemängelt wurde, daß die kleinen Bürger für die Mißerfolge von „denen da oben“ zur Kasse gebeten wurden. Als es aber darum ging, Maßnahmen zu finden, mit denen gerade dies vermieden werden könnte, fehlte es gleichwohl an Interesse, Wille oder Kompetenz, sich an der Auseinandersetzung zu beteiligen.

Aus den Daten läßt sich jedoch nur ableiten, daß der Großteil der Online-Nutzer sich nicht an der Diskussion über diese Themen beteiligte. Anhand der Beiträge läßt sich jedoch nur unscharf auf jene schließen, die diese Debatten aktiv begleiteten. Eine gängige Hypothese ist, daß es sich überwiegend um regelmäßig aktive Blogger handelt, die überwiegend über politische Themen schreiben. Die verhältnismäßig hohen Anteile der mittleren Autoritätswerte bei Bankenabgabe und der Mittelklassestudie würden diese Annahme unterstützen. Daß diese aber bei der Kopfpauschale gänzlich fehlen, paßt aber nicht ins Bild. Dabei wäre doch gerade die gesetzliche Krankenversicherung ein sehr typisches Thema, vor allem für die linksgerichtete Kleinpublizistik, die in den einschlägigen Gemeinschaften oft umfassend verlinkt ist und mit einer regelmäßigen Tätigkeit ohne größere Mühen erkennbar höhere Authority-Werte als 3 erreicht.

3.8. Themen 7 und 8: Vulkanausbruch und BP-Ölkatastrophe

Eines der überraschendsten Ergebnisse der Untersuchung war, daß die Umweltkatastrophe von BP im Golf von Mexiko in den beobachteten drei Wochen nur so selten erwähnt wurde, daß sie nicht über den niedrigsten Rang hinauskam. Dies überrascht um so mehr, als der Vulkanausbruch in Island, der alles in allem weniger dramatische Folgen nach sich zog, in der deutschsprachigen Online-Diskussion einen erkennbar höheren Stellenwert bekam.

Grafik 20: **Timeline Vulkanausbruch**

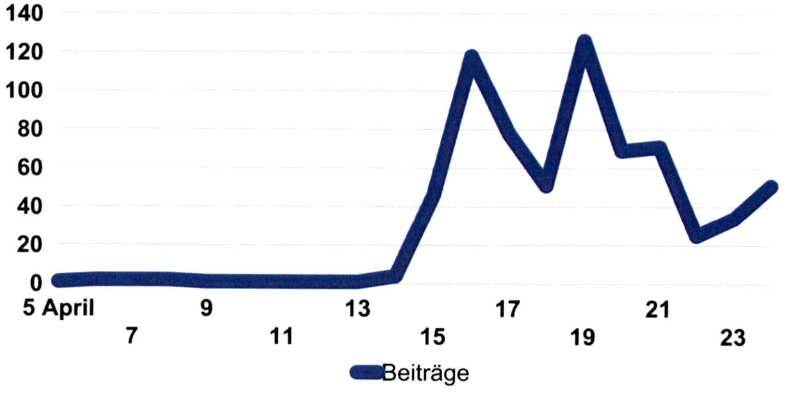

Grafik 21: **Timeline BP**

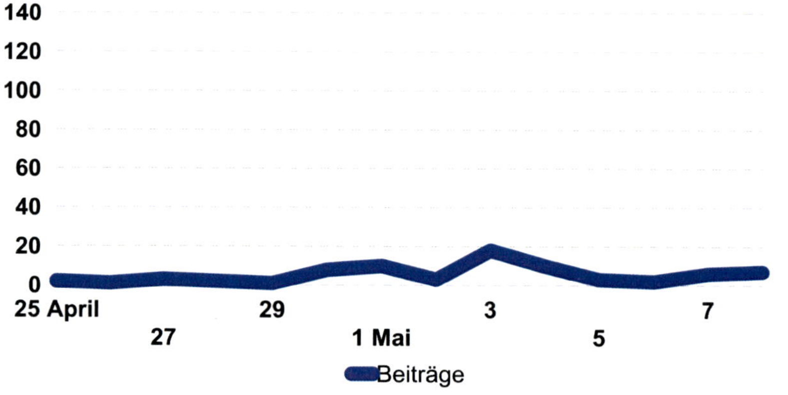

Zwei Erklärungen bieten sich an: Erstens entwickelte sich der BP-Skandal über einen längeren Zeitraum. In der Untersuchung wurde ein Zeitraum gleich nach dem Anfang des Skandals beobachtet, während dessen das ganze Ausmaß der Zerstörung noch nicht bekannt war. Die Zahl der Beiträge ist trotzdem überraschend niedrig, allerdings spricht vieles dafür, daß ein längerer Beobachtungszeitraum eine weitaus größere Zahl an Beiträgen erbracht hätte.

Die zweite Erklärung ist die Teilweise Überlappung der zwei Ereignisse. Als die Ölpest am Golf von Mexiko begann, war das Thema Naturkatastrophen bereits seit Wochen in Deutschland im Gespräch gewesen. Und auch wenn der Vulkanausbruch ein völlig natürliches Ereignis war, hatten viele Teilnehmer der deutschsprachigen Online-Diskussion noch nie im Leben etwas Vergleichbares erlebt, während Unfälle auf Ölplattformen auf anderen Kontinenten schon mal vorgekommen sind. Wegen des Ausbruchs in Island hatten außerdem viele Deutsche ihre Reise- und Arbeitspläne umstellen müssen, und dies ausgerechnet in der Osterzeit. Sie waren also persönlich betroffen. Vor allem diejenigen, die mit ihren Laptops in Flughafengebäuden übernachten mußten, waren nicht selten geneigt, ihre Erlebnisse in ihren Blogs zu verbreiten. Mit einem weit entfernten Ölunfall beschäftigt man sich dagegen weniger intensiv.

Diese möglichen Erklärungsmuster bedürfen allerdings noch einer intensiveren Verifizierung. Den Vergleich der Diskussion mit der Berichterstattung der Medien kann sie aber zumindest teilweise unterstützen.

Grafik 22: **Timeline Vulkanausbruch, Vergleich klassische Medien**

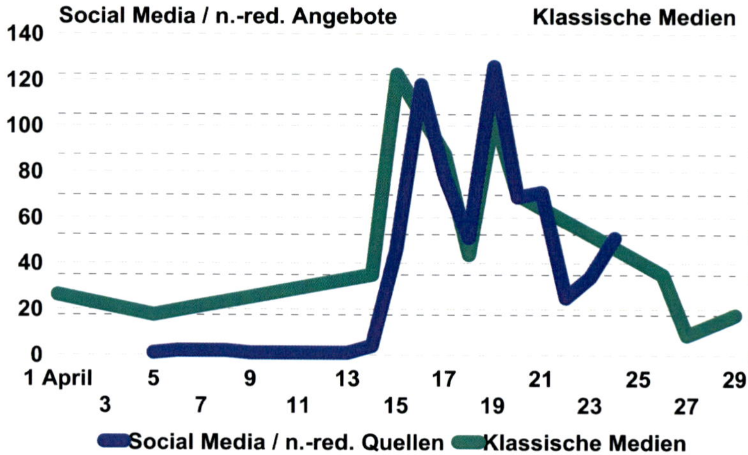

Chart 23: **Timeline BP, Vergleich klassische Medien**

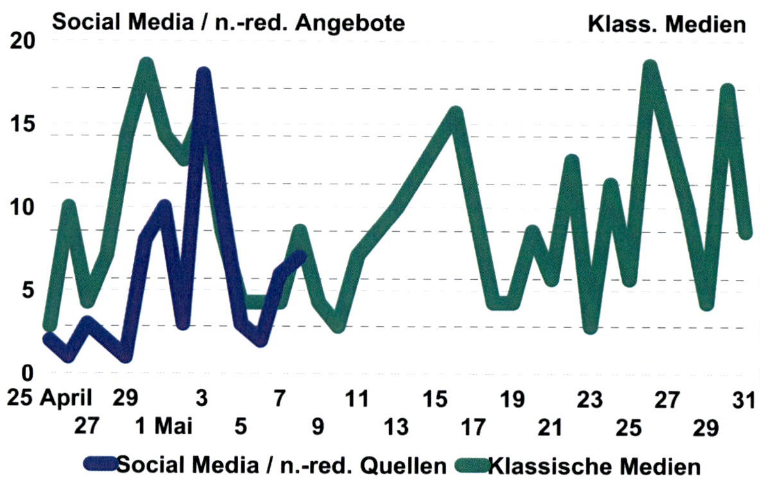

Auch hier sehen die Kurven für den Beobachtungszeitraum in den nicht-redaktionellen Angeboten sowie in der Berichterstattung der klassischen Medien sehr ähnlich aus. Bei BP wurde die Kurve für die klassischen Medien jedoch noch weiter über den Beobachtungszeitraum der Online-Diskussion hinaus verlängert. Dies zeigt, daß sich das Thema auch in den etablierten Medien über einen längeren Zeitraum entwickelte und während der Online-Untersuchungsperiode noch längst nicht abgeschlossen war. Beim Thema Vulkanausbruch beruhigte sich die Berichterstattung dagegen deutlich schneller.

Auch hier waren bei den zitierten Medien Unterschiede zwischen Online- und Nicht-Online-Versionen der Publikationen zu beobachten. Sie waren allerdings nicht gravierend und lassen keine Schlüsse auf die unterschiedliche Schreibaktivität zu. Auch die Struktur der Authority der Beiträge gibt hier keinen Aufschluß, da diese für beide Themen sehr ähnlich war.

Grafik 24: **Meistzitierte Medien und Infoquellen Vulkanausbruch**

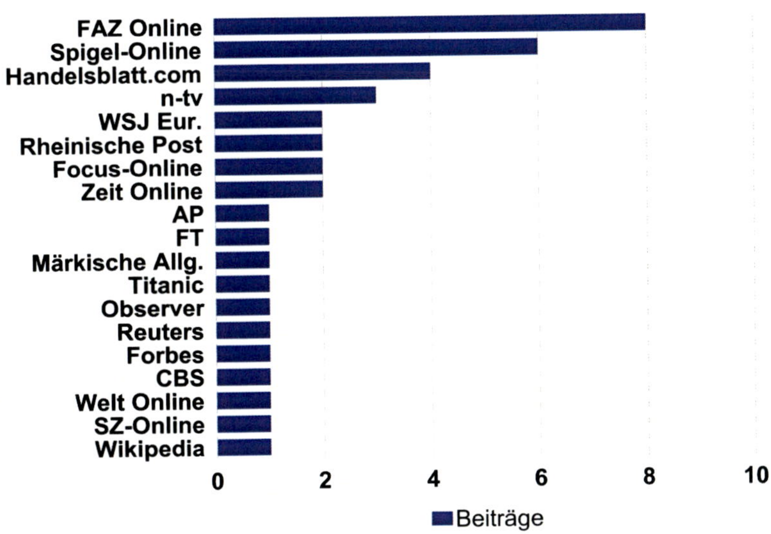

Grafik 25: **Meistzitierte Medien und Infoquellen BP**

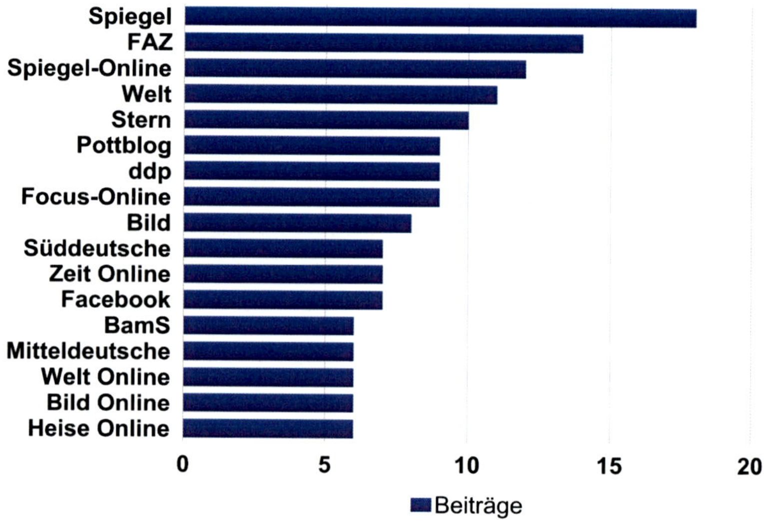

3.9. Thema 9: Ilse Aigner und Google und Facebook

Ilse Aigner ist eine der wenigen Politikerinnen in Deutschland, die ihre Bedenken vor allem mit Blick auf den Schutz der Privatsphäre sowie der persönlichen Daten zu einem größeren Thema in der Öffentlichkeit gemacht hat. Das hat eine kontroverse Reaktion hervorgerufen. In Teilen der Bevölkerung wurden ihre Initiativen stark begrüßt. Andere sahen sie hingegen als Bremserin der Entwicklung neuer Technologien und ihrer optimalen Anwendung.

Im ersten Halbjahr 2010 war Aigner vor allem mit ihrer Kritik an den neuen Datenschutzrichtlinien von Facebook sowie an Google Street View in die Öffentlichkeit gelangt. Da die Höhepunkte der beiden Auseinandersetzungen einige Monate entfernt lagen, war es gerechtfertigt, Beiträge über Aigner in Blogs, Foren und Twitter über einen längeren Zeitraum zu beobachten als bei den anderen untersuchten Themen.

Die Analyse der Präsenz von Aigner zeigt, daß es ihr jedenfalls gelang, Aufmerksamkeit für sich und ihre Themen zu bekommen und einen entsprechend hohen Bekanntheitsgrad zu gewinnen. Die Grafik 26a demonstriert, daß Aigner nicht nur zu einzelnen Berichtsspitzen in der Online-Diskussion thematisiert wurde, sondern auch in den Zwischenzeiten eine kontinuierliche Präsenz behielt. Grafik 26b macht außerdem deutlich, daß diese Präsenz nicht nur von der Berichterstattung in den Medien abhing, sondern daß auch eine eigenständige Diskussion online stattfand.

Grafik 26a: **Zeitverlauf Aigner mit Facebook oder Google**

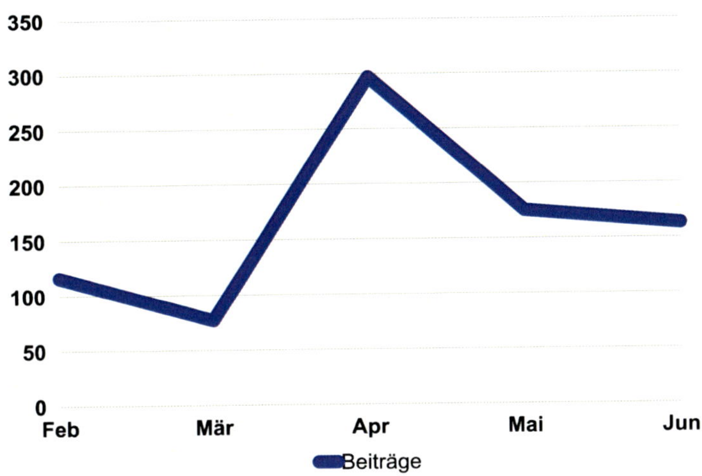

Grafik 26b: **Zeitverlauf Aigner, Vergleich klassische Medien**

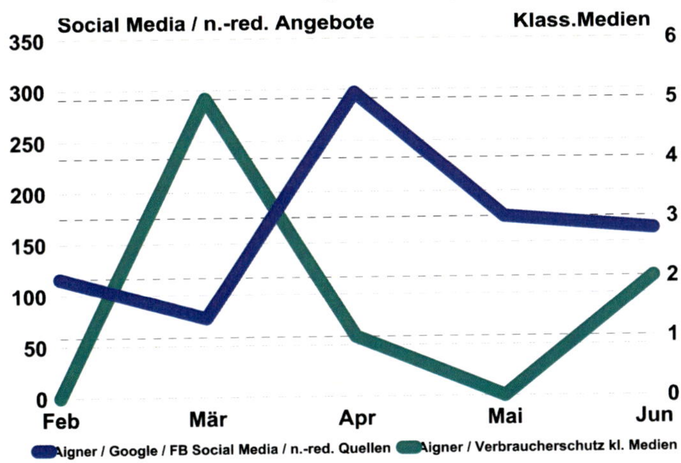

Natürlich muß in diesem Zusammenhang erwähnt werden, daß Aigner gerade unter den aktivsten Internetnutzern umstritten und ein großer Teil dieser Präsenz nicht positiv ist. Die Profilierung in diesem Bereich hat Aigner jedoch auch Unterstützung eingebracht und Aufmerksamkeit läßt sich auch produktiv einsetzen. Die Äußerungen Aigners, wie etwa die Ankündigung, ihr eigenes Facebook-Konto zu löschen, lösten zwar regelmäßig Kritik aus, führten aber zugleich auch zu Zustimmungserklärungen sowohl online als auch offline.

Die Struktur der zitierten Infoquellen entspricht der allgemeinen Wirkung Aigners in der Öffentlichkeit. Die Infos stammten teilweise aus den klassischen Medien, teilweise aber auch aus Quellen wie YouTube und Wikipedia. Mit den Top 5 Medien des Rankings, YouTube, Bild, Spiegel-Online, Spiegel und Twitter war Aigner vielfältig vertreten.

Bei der Struktur der Authority war die Präsenz von Aigner in den Online-Quellen vielfältiger als bei allen anderen untersuchten Protagonisten. Die Ministerin wurde sowohl in den führenden Einzelquellen als auch in den privateren Communities thematisiert.

Grafik 27: **Meistzitierte Medien und Infoquellen Aigner**

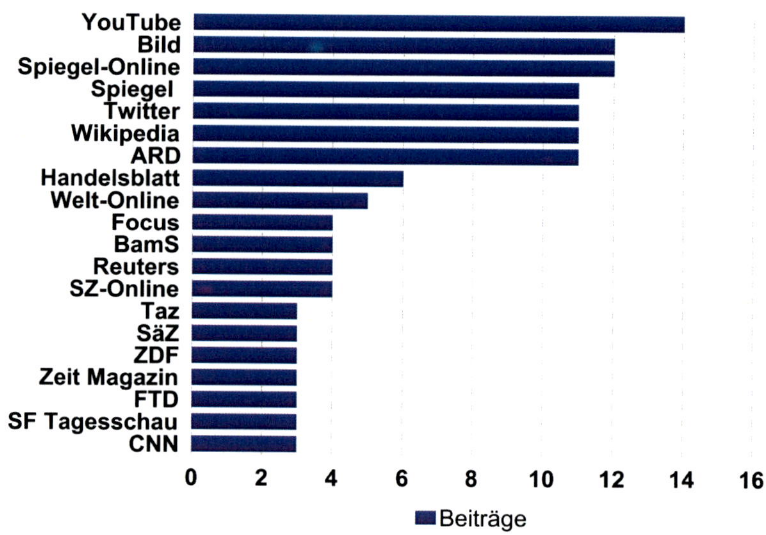

Grafik 28: **Authority der Beiträge zu Aigner**

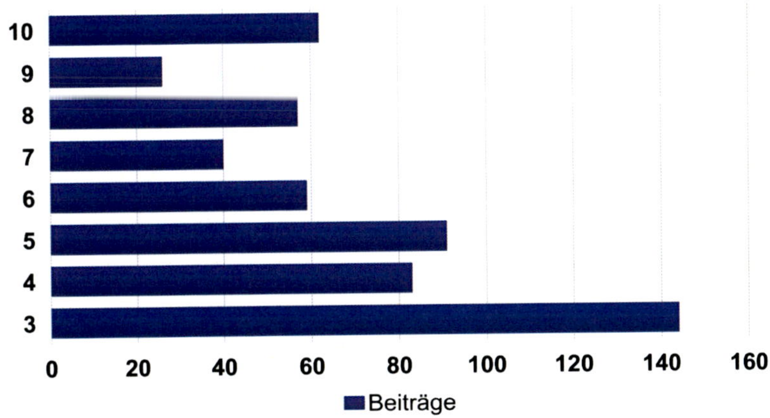

Die Daten belegen, daß es Aigner mit ihren Stellungnahmen gelungen ist, sich in verschiedenen Teilöffentlichkeiten mit ihren Online-Kernthemen zu profilieren. Die wichtigste Frage für sie in der Zukunft wird sein, ob die Anhänger ihrer Thesen diese Themen für ähnlich wichtig erachten wie ihre Gegner. Daß es ihr aber gelingen wird, die Aufmerksamkeit in Wählerstimmen umzusetzen, ist damit natürlich weder belegt noch ausgeschlossen.

3.10. Thema 10: Nordkorea: Torpedierung des südkoreanischen Kriegsschiffs vs. Fußball

Eine zentrale Frage für die Analyse von User Generated Content lautet schon seit langem, wie ernst die unverbindlichen Diskussionen im Netz zu nehmen sind? Als das Internet in der Anfangszeit noch überwiegend von elitären Kreisen genutzt wurde, war es nicht schwer, auch in den öffentlich zugänglichen Bereichen erstaunlich qualifizierte Diskussionen und Diskussionsteilnehmer zu finden. Die Entwicklung des World Wide Webs zu einem Massenmedium zog allerdings sehr schnell eine Banalisierung nach sich, und der Traum von einem globalen Teesalon großer Geister platzte ziemlich schnell. Als erstes wurde das Internet von der Pornographie erobert. Andere Boulevard-Themen folgten.

Der Sport gehört dabei zu den weniger kontroversen Feldern, ist dafür aber eindeutig dem Bereich Freizeit und Unterhaltung zuzuordnen. Daß die Fußball-WM im Jahr 2010 auch im Internet ein Großereignis war, überrascht wenig. Aufgrund der Ereignisse bei den Spielen einerseits und in der Weltpolitik andererseits bietet sich hier somit eine Gelegenheit, an einem Fallbeispiel zu beobachten, wie sich die Auseinandersetzung über ernsthafte politische Themen von der Diskussion über König Fußball unterscheidet, den zwar viele ebenfalls für etwas sehr Ernsthaftes halten, dessen Auswirkungen allerdings in der Regel weit weniger einschneidend und weitreichend sind als die der Politik.

Dieses Beispiel bietet der Fall Nordkorea. Im Jahr 2010 spitzte sich die Lage auf der koreanischen Halbinsel deutlich zu, nach Vermutungen vieler Experten aufgrund der nachlassenden Gesundheit von Kim Jong-Il. Die Versenkung des südkoreanischen Kriegsschiffes „Cheonan“ im März 2010 markierte einen vorläufigen Höhepunkt der Spannungen, der allerdings später im Jahr noch vom Artilleriebeschuß der Insel Yeonpyong übertroffen wurde.

Während der Fußballweltmeisterschaft machte sich Nordkorea wenige Monate nach dem Kriegsschiffskandal zum Gespött der Weltöffentlichkeit mit einem spektakulär erfolglosen Auftritt der Nationalmannschaft. Der Imageschaden wurde in der freien Welt noch größer, als Radio Free Asia kurz nach der Rückkehr der Verlierermannschaft berichtete, daß sowohl die Spieler als auch der Nationaltrainer wegen des schlechten Abschneidens in ein Arbeitslager geschickt wurden.

Der Vergleich dieser zwei Ereignisse gibt damit Auskunft darüber, wie sich welche Art von Diskussion in nicht-redaktionellen Angeboten entwickelt. Aufschlußreich ist vor allem die Frage, ob weltpolitische Ereignisse gegen wichtige Großereignisse im Sport eine Chance haben. Eine Beobachtung der gesamten Kriegsschiffskrise hätte allerdings den Rahmen dieser Untersuchung gesprengt. Aus diesem Grund wurde der Zeitraum von der Bekanntgabe der Untersuchungsergebnisse, wonach das Schiff tatsächlich von Nordkorea versenkt wurde, bis zum Tag nach dem Ausscheiden Nordkoreas aus der WM gewählt.

Mehr Aufmerksamkeit für das Kriegsschiff als für Fußball

Das Ergebnis zeigt vor allem, daß das unterhaltsamere Thema Fußball nicht automatisch mehr Aufmerksamkeit bekam, als die weltpolitisch kritische Auseinandersetzung an der innerkoreanischen Grenze. Wie die Grafik 29 zeigt, bekam das Thema Kriegsschiff mit 123 Erwähnungen sogar leicht mehr Aufmerksamkeit als das 115-mal angesprochene Thema Fußball.

Grafik 29: **Timeline Nordkorea: Kriegsschiff und Fußball**

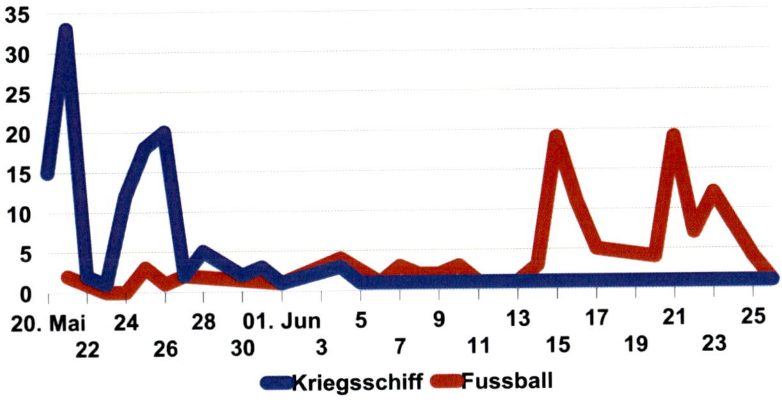

Dabei ist zu beachten, daß der Zeitraum nur die letzte Episode des Kriegsschiffskandals umfaßt, dafür aber den gesamten Zeitabschnitt der nordkoreanischen Teilnahme an der Fußball-WM. Darüber hinaus war das Ausscheiden der Mannschaft nicht nur eine gewöhnliche Niederlage, sondern vor allem wegen der verheerend schlechten Ergebnisse ein eher besonderes Ereignis. Außerdem erhöhte es die Aufmerksamkeit für das Land, daß Nordkorea es seit Jahrzehnten nicht mehr geschafft hatte, sich für die Weltmeisterspiele überhaupt zu qualifizieren.

Die Grafik 30 zeigt, daß die Diskussion im Internet in der Regel mit der Berichterstattung der Medien korrelierte. Allerdings war diese Übereinstimmung nicht kohärent, sondern es gab in den nicht-redaktionellen Quellen auch eine Diskussion, ohne daß diese unmittelbar mit der Berichterstattung zusammenhing.

Grafik 30: **Zeitverlauf Nordkorea, Vergleich mit klassischen Medien**

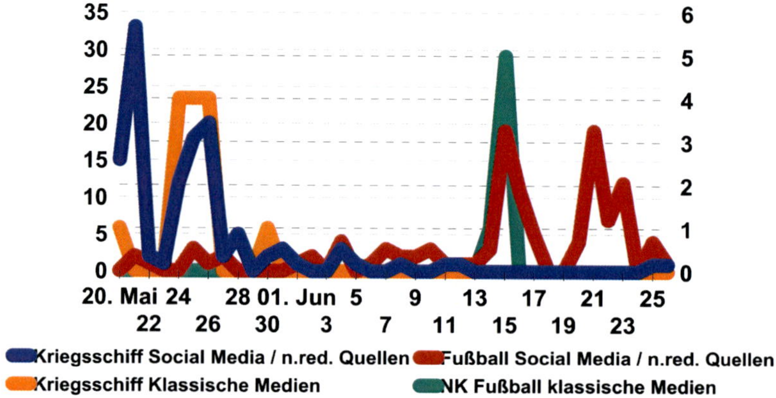

Dabei ist allerdings zweierlei zu beachten: Erstens wurden von Media Tenor die Politik- und Wirtschaftsteile der untersuchten Medien beobachtet, allerdings nicht die Sportseiten. Zweitens war die intensivste Online-Diskussion beim Thema Kriegsschiff in den Tagen vor der größten Medienreaktion zu beobachten. Beim Thema Fußball war dies in den letzten Tagen des Beobachtungszeitraumes sowie unmittelbar nach der größten Niederlage der nordkoreanischen Mannschaft am 21.6. gegen Portugal mit 0-7 der Fall. Auch wenn dieses Ereignis es nicht auf die Politikseiten schaffte, ist davon auszugehen, daß das Ergebnis in den Sportseiten eine große Rolle spielte, ohne daß dies in der Analyse sichtbar wäre. Die Berichterstattung über Ereignisse um den Kriegsschiff-Skandal fand wiederum so gut wie ausschließlich in den Politik- und Wirtschaftsteilen statt. Trotzdem war auch hier eine Reaktion in nichtredaktionellen Angeboten schneller zu erkennen als in den traditionellen Medien.

Mehr Graswurzelaktivität bei Kriegsschiff

Der Vergleich der Authority-Werte zeigt, daß beide Themen in den Quellen mit der meisten Autorität ähnlich oft (oder selten) vertreten waren. Beim Fußball gab es jedoch darüber hinaus einige Beiträge mit den Werten 4 und 5, während das Kriegsschiffsthema vor allem in Blogs der Autorität 3 diskutiert wurde. Beiträge aus Quellen mit einer niedrigeren Autorität als 3 wurden für die Untersuchung nicht analysiert.

Grafik 31a: **Nordkorea: Authority-Wert der Beiträge – Kriegsschiff**

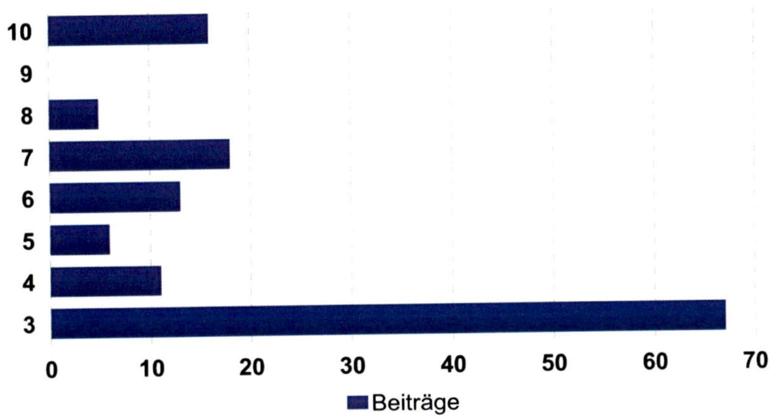

Grafik 31b: **Nordkorea: Authority-Wert der Beiträge – Fußball**

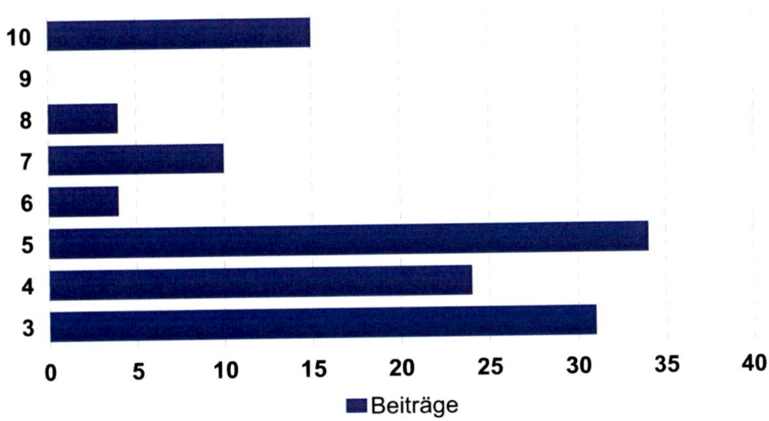

Ein Authority-Wert von 3 weist auf eine private Quelle hin, die mit hoher Wahrscheinlichkeit in eine inoffizielle Community integriert ist, die eher als privates Hobby geführt wird, ohne daß der Betreiber damit anstrebt, ein größeres Publikum zu erreichen. Auch wenn dies vorerst uninteressant klingen mag, sind solche Angebote das Brot und die Butter der Social Media. Obwohl eine einzelne Quelle nur in seltenen Fällen eine größere Auswirkung auf die Meinungsführer-Publizistik hat, sind die Communities als Gesamtheit Orte, in denen Meinungsbildungsprozesse stattfinden und die widerspiegeln, was sich in der Gesellschaft auch in anderen Foren ereignet. In diesem Sinne ähnelt die Blogosphäre dem Hobbs'schen Leviathan, der zwar aus den einzelnen Menschen besteht, in der Gesamtheit allerdings größer und mächtiger ist als alle dieser Einzelteile überhaupt sein könnten.

Nordkorea vor allem ein politisches Thema in nichtredaktionellen Quellen

Somit läßt sich die vorhin gestellte Frage eindeutig mit einem „Ja" beantworten: Weltpolitische Großereignisse haben durchaus eine Chance in den Social Media, selbst gegen König Fußball. Im Jahr 2010 spielten Blogs und andere soziale Quellen laut Nutzungsstatistiken aus verschiedenen Quellen nur in den jüngeren Jahrgängen eine zentrale Rolle in der gesamten Mediennutzung. Allerdings kann davon ausgegangen werden, daß diese Nutzung nicht nur aus dem Spielen der virtuellen Vuvuzela bestand, sondern auch qualifiziertere Themen Aufmerksamkeit bekamen.

Über die Qualität der Auseinandersetzung sagen die Daten natürlich wenig aus. Trotzdem ist aber das vorhandene Ergebnis auch in dieser Hinsicht ermutigender als manch ein anderes gewesen wäre. Dem Vorurteil, Diskussion im Internet konzentriere sich lediglich auf Spaß und Unterhaltung unterstützt das Ergebnis nämlich nicht.

4. Selektive Transparenz: Wikileaks wirbt für Offenheit, setzt sie aber selber nicht um

von Mikael Erola

Die Veröffentlichung geheimer US-Depeschen wird gerade als Sieg der Offenheit und Transparenz gefeiert. Aber obwohl Wikileaks Dokumente veröffentlicht hat, die anderenfalls wahrscheinlich geheim geblieben wären, sind die Hintergründe des Leaks sowie die Struktur und Motivation von Wikileaks selbst höchst undurchsichtig. Daß eine Organisation, die solch sensibles Material veröffentlicht, sich und ihre Quellen beschützen muß, ist offensichtlich. Trotzdem bleiben damit sowohl die Journalisten als auch die Leser im Dunkeln und auf die Gnade des Leakers angewiesen. Der Skandal hat selbst dann, wenn sich die Depeschen als authentisch und unmanipuliert erweisen sollten, die Tore nicht nur für Offenheit und Transparenz, sondern auch für ganz neue Arten von Desinformation und Manipulation geöffnet.

Authentizität und Motivation der Leaks

Die Vorstellung von Wikileaks als Robin Hood des Informationszeitalters, die den Informationsreichen stehlen und den Informationsarme geben, ist betörend. Es gibt aber wenig Beweise, anhand derer man erkennen könnte, inwiefern dieser Eindruck mit der Wirklichkeit übereinstimmt. Die bisher geprüften Depeschen sind offensichtlich echt gewesen. Doch niemand scheint sich die Frage zu stellen, wieso Julian Assange im Besitz der Dokumente ist. Welche Motivation steckt dahinter, eine mehrjährige Gefängnisstrafe zu riskieren? Einfach nur, damit Wikileaks veröffentlichen kann, daß Silvio Berlusconi ein Playboy oder Guido Westerwelle inkompetent ist?

Es ist möglich, daß sowohl die ursprüngliche Quelle der Depeschen als auch die ganze Wikileaks-Organisation das sind, was sie behaupten: Ideologisch motivierte Aktivisten, die Regierungen transparent und haftbar machen wollen. Doch genauso wahrscheinlich ist es, daß andere Interessen im Spiel sind. Auch wenn 99,9 Prozent des Materials echt sein sollten, gibt es keine Möglichkeit, sicher auszuschließen, daß niemand hinter dieser Fassade auch nur einige hundert Fälschungen dazugefügt hat. Nachdem über einige Monate immer neue Dokumente an die Öffentlichkeit gelangt sind, die sich als echt erwiesen haben, wird niemand mehr an den kommenden zweifeln. Medien, die Wikileaks-Depeschen veröffentlichen, können nie sicher sein, ob sie zu einer offeneren Informationskultur beitragen oder lediglich helfen, ein Vehikel aufzubauen, das nur den Zweck hat, Desinformation und Manipulation zu ermöglichen.

Aber auch dann, wenn 100 Prozent des Materials echt sein sollte, gibt es noch keine Sicherheit darüber, wie viele Depeschen <u>nicht</u> an die Öffentlichkeit gelangt sind und wie diese Auswahl getroffen wurde, so lange nicht dokumentiert ist, woher sie stammen und wie sie in den Besitzt von Wikileaks gekommen sind. Ein Beispiel: Die Depesche, in der ein chinesischer Diplomat eine Intervention der US in Nordkorea befürwortet hatte, gilt als echt und bestätigt. Aber in der Öffentlichkeit entstände über die tatsächlichen Absichten Chinas ein ganz anderes Bild, wenn bekannt würde, daß es unzählige Aussagen anderer Amtsträger gäbe, die eine andere Meinung vertreten.

Es ist sogar möglich, daß die US-Regierung das Leak überhaupt erst ermöglicht hat. Dies muß nicht einmal durch eine aktive Kooperation geschehen sein, sondern es ist auch denkbar, daß ein Computereinbruch in eine bestimmte US-Installation nur nicht verhindert wurde. In diesem Fall könnte es sogar sein, daß auch innerhalb der Wikileaks-Organisation niemand über diesen Ursprung der Dateien informiert ist.

Gibt es Beweise für diese Theorien? Unwahrscheinlich! Aber sie sind nicht weniger plausibel als die Robin Hood-Vermutung. Für diese gibt es auch keine Beweise in der Öffentlichkeit.

Keine Vorsicht in der Berichterstattung erkennbar

Für den Mediennutzer gibt es also keine Möglichkeit zu verifizieren, wo die Depeschen herkommen, warum sie an die Öffentlichkeit gebracht wurden und deshalb auch nicht, ob man sich auf sie verlassen kann oder nicht. Auch ein Journalist außerhalb der ausgewählten Medien, die direkt in Verbindung mit Wikileaks arbeiten, hat nicht mehr Informationen, um eine qualifizierte Entscheidung zu treffen, was veröffentlicht werden soll und was nicht. Doch gerade dies wäre notwendig, damit er erkennen könnte, ob er sich an einer heldenhaften Aktion für Offenheit und Demokratie beteiligt, oder ob er sich einfach nur zum nützlichen Idioten macht, der einen weltweiten Betrug ermöglicht.

In der Berichterstattung selbst ist dieses Dilemma nirgendwo sichtbar geworden. Die Analyse von Media Tenor konnte auch keine Beiträge über das Thema Zuverlässigkeit der Information feststellen, weder im Internet noch im deutschen, amerikanischen, französischen oder schweizerischen Fernsehen.

Grafik 1: **Zuverlässigkeit der Internet-Information als Hauptthema in D, F, UK, US, CH-Fernsehnachrichtenbeiträgen**

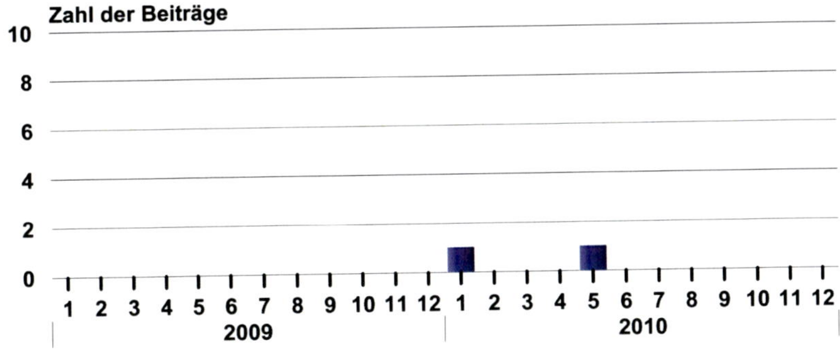

Basis: 210.703 Beiträge in 5 deutschen, 4 britischen, 4 US-, 1 französischen und 1 Schweizer Nachrichtensendungen (Tagesschau, Tagesthemen, Heute, Heute Journal RTL News, BBC 6 o'clock News, BBC 10 o'clock News, ITV Early News, ITV News at Ten, ABC, CBS, NBC, Fox, TF1, SF1)

Statt dessen hat Wikileaks den Spiegel in Deutschland vom Platz 1 der zitierten Medien in der ersten Dezemberhälfte verdrängt (Grafiken 2 und 3). In der mehr als zehnjährigen Geschichte des Media Tenor-Zitate-Rankings ist dies das erste Mal, daß der Spiegel nicht an der Spitze steht. Sollten die Medien Bedenken den Depeschen gegenüber gehabt haben, hat sie das offenbar dennoch nicht daran gehindert, ihre Inhalte ausführlich wiederzugeben.

Grafik 2: **Zitate aus Wikileaks und Spiegel, 4-12/2010**

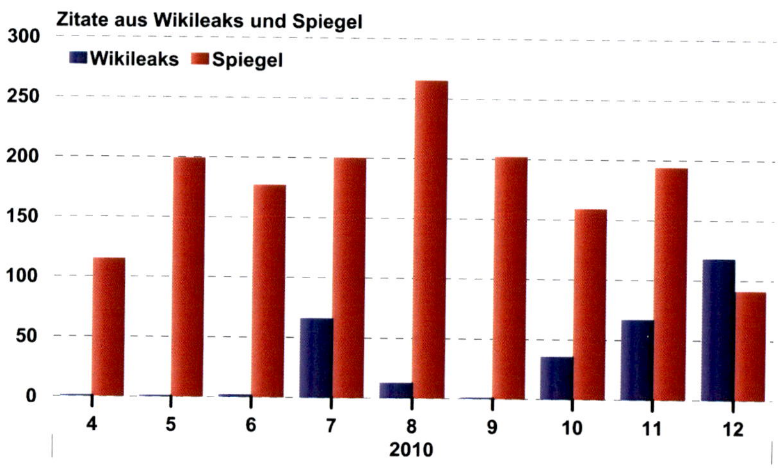

Basis: 305 Zitate zu Wikileaks, 1.602 Zitate zum Spiegel in 40 deutschen Meinungsführermedien, 1.4.-13.12.2010

Medienkompetenz der Öffentlichkeit überstrapaziert

Solches Verhalten könnte weitreichende Konsequenzen haben, die in der Zukunft möglicherweise schwer zu beheben sein werden. Selbst wenn das Leck im Falle der US-Depeschen unbedenklich, echt und unparteiisch ist, wird damit ein Präzedenzfall geschaffen, wie möglicherweise sensibles und kontroverses Material an die Öffentlichkeit transportiert werden kann, ohne daß die Glaubwürdigkeit des Materials in Frage gestellt wird. Es wäre überraschend, wenn Politiker, Firmen oder Organisationen nicht versuchten, das nachzuahmen, um mit falschen oder manipulierten Leaks, Inhalte im Namen glaubwürdiger Dritter zu Tage zu fördern und Konkurrenten wie Gegner auf diese Weise zu diskreditieren. Denn ein medienkompetentes Lesen nach Kriterien von Professor Bernd Schorb in München ist für den Rezipienten dann nicht möglich, wenn dieser keinen Zugang zu dem nötigen Struktur- und Orientierungswissen besitzt (Vgl. Schorb: Medienkompetenz 1997). Da auch die soziale und kreative Interaktion sowie die Fähigkeit und Fertigkeit des Handelns nicht möglich sind, scheiden aus den vier Kriterien der Medienkompetenz laut Schorb drei bereits von vorn herein aus.

Grafik 3: **Meistzitierte Medien in Deutschland, November/Dezember 2010**

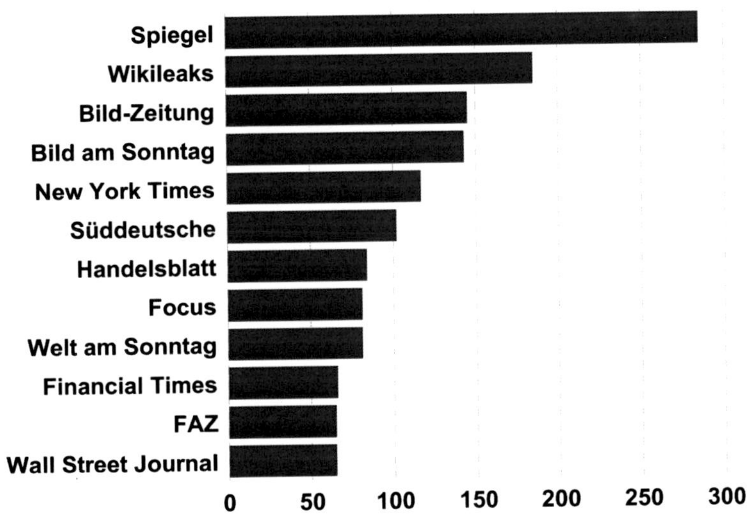

Basis: 3.334 Zitate in 40 deutschen Meinungsführermedien, 1.11.-13.12.2010

Technologischer Determinismus und die Rolle der Medien

Diese tägliche News-Realität läßt den Medien keine gute Alternative bei der Frage, ob den Inhalten der Depeschen vertraut werden kann oder nicht. Das Interesse der Allgemeinheit setzt die Redaktionen unter Druck, die Dokumente zu veröffentlichen. Und doch befreit sie gerade dieser Druck der Öffentlichkeit nicht von der Verantwortung für ihre redaktionellen Entscheidungen.

Der einzige Ausweg bleibt das vierte Kriterium für Medienkompetenz laut Schorb: Die kritische Reflexivität. Die Medien können nicht auf Anhieb alle Lücken schließen, die sich in die Medienkompetenz ihrer Leser in den letzten Jahrzehnten eingeschlichen haben. Sie können den Lesern ihre eigenen Bedenken mitteilen, die verworrenen Umstände der Veröffentlichung der Depeschen ansprechen und erläutern. Dies bedeutet nicht, daß die Leser automatisch zu einem kritischeren und bewußten Umgang mit den Materialien animiert werden. Es stellt dafür allerdings einige Mittel zur Verfügung.

Wie bereits erwähnt, die kritische Reflexion findet zurzeit nicht statt. Wenn überhaupt, scheinen viele Medien immer noch in dem gleichen Dornröschenschlaf zu liegen, in den sie sich in den frühen 90er Jahren begaben, in der Anfangszeit des technologischen Positivismus, der später zum Hype wie auch zum Untergang der New Economy führte. Die Fähigkeit der Medien, das Internet kritisch zu reflektieren, beschränkt sich nicht selten auf das Offensichtlichste: Verbreitung von Kinderpornographie, Ausspähung von Kreditkartendaten, Identitätsdiebstähle und ähnliches.

Tiefgreifende strukturelle Änderungen unserer Gesellschaft als Folge der Entwicklung der Informationsgesellschaft werden aber nur selten erwähnt und auch dann mit einer starken Betonung der positiven Erwartungen anstatt der Probleme und der ungelösten Aufgaben. Insbesondere Chefredakteure, die sich selbst weniger mit dem Thema beschäftigt haben, tendieren dazu, Leitbilder einer Informationsgesellschaft zu veröffentlichen, die die ersten 18 Jahre des World Wide Webs nicht verbürgen können.

Dies begünstigt einen technologischen Determinismus in der Gesellschaft. Die Entwicklung der Technologie wird als Notwendigkeit dargestellt und der Gesellschaft bleibt die Aufgabe, sich anzupassen.

Primat der Technologie?

Dieser technologische Determinismus wird aber nur selten als solcher angesprochen. Es ist davon auszugehen, daß der Großteil der Technik-Positivisten sich dessen nicht bewußt ist, ein Technik-Positivist zu sein. Vielmehr wird der Internet-Aktivismus lieber als Unterstützung für vorgeblich höhere Ziele dargestellt: Demokratie, Bürgerrechte, oder, wie im Falle von Wikileaks, Offenheit.

Dieser Ansatz ist allerdings in vielen Fällen inkonsistent: Während Anhänger von Wikileaks im Namen der Transparenz und Offenheit fordern, daß staatliche Apparate von einer Verfolgung Assanges absehen, geht es bei der Opposition gegen die Bekämpfung der Online-Piraterie um genau das Gegenteil: Eine jede Verfolgung dieser Straftaten sei moralisch verwerflich, wenn dafür die Datenströme des Internets überwacht werden sollten, denn dies sei ein Verstoß gegen die Integrität des Internets und verletze die Vertraulichkeit der Informationsübermittlung sowie das Briefgeheimnis.

Mit anderen Worten: Die internationale Diplomatie, die mit der Einhaltung des Friedens und Förderung des Wohlstands beauftragt ist, braucht den Schutz des Briefgeheimnisses nicht. Das Herunterladen illegaler Pornographie erscheint dagegen als so viel schützenswerter, daß hier entsprechende Maßnahmen, wie etwa die von Wikileaks, als unmoralisch angesehen werden.

In diesem Fall ließe sich das Argument entgegnen, es gehe nicht um den Konflikt zwischen Privatsphäre und Transparenz an sich, sondern um den Schutz des Einzelnen gegen große und mächtige Organisationen. Doch geht es einmal um Organisationen, die auf die Nutzung des Internets angewiesen sind, wie etwa Wikipedia, zählt der Schutz des Individuums aber nicht mehr. Wer sich ungerecht behandelt fühlt, kann sich an die anonyme Gemeinschaft der Autoren und Internet-Experten wenden. Führt das jedoch nicht zu einem vertretbaren Ergebnis, bleibt ihm nichts anderes möglich. Selbst wenn Straftatbestände, wie Beleidigung oder falsche Tatsachenbehauptungen erfüllt sind, ist der Rechtsweg in aller Regel nicht möglich. Dafür wird der Angegriffene aber in den meisten Fällen mit weiteren Diffamierungen dafür bestraft, seine Internet-Präsenz „manipuliert" zu haben. Das Recht der gesichtslosen, anonymen Gemeinschaft, über Wahrheit und Lüge auch gegen jeden anderslautenden Beweis zu entscheiden, wiegt dort viel mehr als der Schutz des „kleinen Mannes“ gegenüber der Korporation.

Ähnlich verhält es sich, wenn Google sich entscheidet, mit einer Kamera in Höhe von 3 m durch das Land zu fahren und Leuten über Zäune in ihre Gärten und Wohnungen zu fotografieren. Wenn also das Recht, Hollywood-Filme illegal aus dem Netz zu kopieren mit dem Schutz der Privatsphäre begründet wird, scheint das gleiche nicht mehr zu gelten, wenn es um das Recht geht, Bilder aus dem grundgesetzlich geschütztem Wohnbereich nicht ungefragt im Internet verbreitet sehen zu wollen.

Keine politische, sondern eine chaotische Bewegung

Das einzig konsistente am sogenannten Internet-Bürgerrechts-Aktivismus liegt offenbar darin, daß immer derjenige Recht hat, der Technologie mehr und stärker anwendet. Höhere Werte, wie Transparenz, Vertraulichkeit oder Schutz der Privatsphäre werden argumentativ nur genutzt, um gegebenenfalls eigenes gesetzes- oder sittenwidriges Verhalten zu rechtfertigen. Der einzige moralische Wert, der durchgängig Unterstützung genießt, ist die „Freiheit der Internets“. Diese Freiheit beinhaltet jedoch nicht mehr als die Forderung, daß Aktivitäten, die in der realen Welt verboten sind, im Internet toleriert werden müssen. Für die schlagwortartige semantische Darstellung ist es nur leichter, Unterstützung zu gewinnen. Wer möchte denn die Freiheit nicht?

Dies wiederum läßt vermuten, daß die ganze Bewegung zur Unterstützung dieser vermeintlichen „Freiheit“ keine im eigentlichen Sinne politische Bewegung ist, weder eine existente, noch eine im Entstehen begriffene. Die Anhänger dieser Ideologien sehen sich meistens überhaupt nicht als Mitglieder einer Gruppe oder sonstigen Gemeinschaft. Sie unterstützen allerdings Ansichten und Aktivitäten, die die Fähigkeit der Gesellschaft, die immer schneller werdende Durchtechnologisierung zu absorbieren, in Frage stellen.

Bewegungen wie Wikileaks sind daher weniger als politische Akteure im gewöhnlichen Sinne, sondern eher als Leviathan wie bei

Thomas Hobbes zu betrachten. Obwohl der Leviathan aus Menschen besteht, ist er trotzdem mehr als die Summe aller seiner Bestandteile und entwickelt eine eigene Persönlichkeit, Macht und Kraft, die jenseits der Kontrolle der Individuen steht.

Nur, im Computerzeitalter haben solche Leviathane einen weitaus fruchtbareren und furchtbareren Nährboden als noch zu Zeiten von Thomas Hobbes. Die technischen Systeme haben schon längst den Punkt überschritten, an dem ein einzelner Mensch noch verstehen könnte, was etwa in einem Betriebssystem eines einfachen Rechners passiert. Anwendungen der künstlichen Intelligenz bewirken, daß nicht nur die hunderte Millionen Code-Zeilen eines Programmierers unsere Leben beeinflussen, sondern die Computer programmieren sich zunehmend immer mehr selbst. Die Infrastruktur der modernen Gesellschaft hängt von diesem Leviathan ab, der Jahr für Jahr unbeherrschbarer von seinen Schöpfern wird.

Umfangreiche Diskussion überfällig

Alle diese Entwicklungen erfordern eine internationale gesellschaftliche und politische Debatte, um zu bestimmen, wie mit den Umwälzungen des digitalen Zeitalters zu verfahren ist. Diese Debatte ist allerspätestens überfällig seit den 80er Jahren – wenn nicht schon noch viel länger.

Bevor sie aber stattfinden kann, ist es unumgänglich, daß die Medien eine Strategie entwickeln, wie das Thema ausführlich und ohne Berührungsängste angegangen werden kann. Von entscheidender Bedeutung ist es, zu vermeiden, daß IT zu sehr von der sonstigen Berichterstattung abgesondert und technologiebegeisterten Kolumnisten und Spezialredakteuren überlassen wird.

Dies ist vor allem eine Herausforderung für Chefredakteure, von denen sich viele in den neuen Technologien nicht zu Hause fühlen. Trotz all der Überwindung, die ein kompetentes Reporting in diesen Fällen erfordern mag, ist das Thema zu wichtig, um von den ranghöheren Entscheidungsträgern der Redaktionen nicht selbst in die Hände genommen zu werden. Die Herausforderungen der modernen Kommunikationstechniken sind Chefsache.

Medien-Set:

Nachrichten: Heute, Heute Journal, Tagesthemen, Tagesschau, RTL Aktuell, BBC at 6, BBC at 10, ITV Early News, ITV Ten o'clock News, ABC, CBS, NBC, Fox News, TF1, SF1 10 vor 10

Zitate in: Berliner Zeitung, Bild-Zeitung, Die Welt, Frankfurter Allgemeine Zeitung, Fr. Rundschau, Sächsische Zeitung, Süddeutsche Zeitung, taz, Tagesspiegel, ARD Tagesschau und Tagesthemen, ZDF Heute und Heute Journal, RTL Aktuell, Bericht aus Berlin, Berlin direkt, Fakt, Frontal 21, Kontraste, Monitor, Panorama, Plusminus, Report (BR), Report (SWR), WISO, Die Zeit, Focus, Rh. Merkur, Spiegel, Stern, Super Illu, Bild am Sonntag, Frankfurter Allgemeine Sonntagszeitung, Welt am Sonntag, Financial Times Deutschland, Handelsblatt, Wirtschaftswoche, Capital, Manager Magazin, Deutschlandfunk-Nachrichten (7-Uhr)

Research Links:

Steve Ellwanger: Whither Accountability in the Digital Age:
http://www.mediapost.com/publications/?fa=Articles.showArticle&art_aid=137890

Ingrid Bounin / Mediculture online: Medienkompetenz:
http://www.mediaculture-online.de/Medienkompetenz.356.0.html

Allison Fine: Wikileaks ≠ Transparency
http://afine2.wordpress.com/2010/12/02/wikileaks-%E2%89%A0-transparency/

5. Alles Cross-Media? Redaktionsmarketing und Marktorientiertes Management können Auflage treiben

von Peter Haric

Zeitungen stehen vor großen Herausforderungen: Zu viele haben rückläufige Auflagen zu beklagen, ein schrumpfendes Anzeigengeschäft sowie den härteren Wettbewerb zwischen Print und seinen Substitutionsmedien (Internet).

Der Umbruch des Verlagswesens vollzieht sich unaufhaltsam. Doch geht der immer wieder angestimmte Abgesang auf traditionelle Druckerzeugnisse, wie Buch, Zeitung und Zeitschrift, an der Realität vorbei.

Zwar revolutionieren das Internet und damit verbundene Technologien als Alternative zum bedruckten Papier die Branche. Andererseits bedeuten sie aber auch die Erweiterung der bisherigen Geschäftsoptionen von Zeitungs- und Zeitschriftenverlagen. Doch das wird von zu wenigen erkannt und zielstrebig genutzt.

I. Zeitungen und Zeitschriften: Gefühlte Lage schlimmer als die Wirklichkeit

Nach wie vor ist die Zeitung neben dem Fernsehen das Medium mit der höchsten Aufmerksamkeit – mit einer Gesamtauflage von 28,8 Millionen Zeitungen pro Ausgabe: rund 76% der Deutschen lesen regelmäßig eine Tageszeitung, drei Viertel der Deutschen älter 14 Jahre werden über Zeitungen erreicht. Und: Die Zeitung ist weiterhin mit Abstand der größte Werbeträger. Insofern ist der Markt noch längst nicht ausgereizt oder gar dem Tod geweiht.

Dennoch: Seit 2000 ist die Anzahl verkaufter Tageszeitungen um 20% zurückgegangen – auch die Anzahl der Titel ist deutlich geschrumpft. Die sinkenden Auflagenzahlen von Print-Produkten sowie das bislang unzureichend gehobene Erlöspotential der Online-Angebote dürften dazu führen, daß die Konzentration innerhalb der Verlagsbranche auch in den nächsten Jahren zunimmt.

Grafik 1: **Mediennutzung, Veränderung 1995/2010**

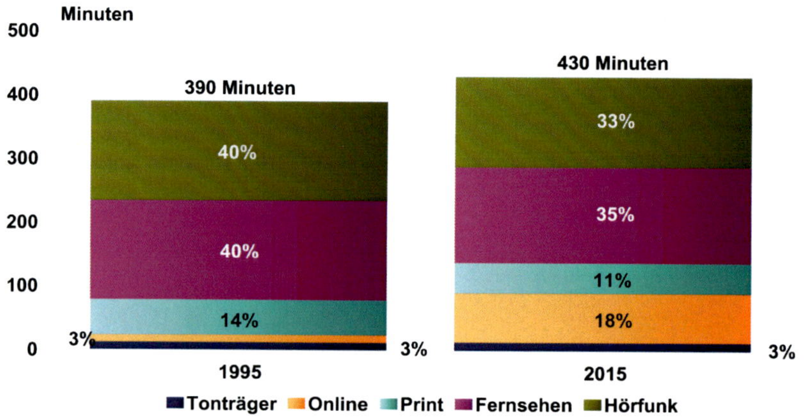

Deutschland ist und bleibt ein Zeitungsland

Doch: Die Märkte und damit die Positionierung und Bedeutung von Zeitungen und Zeitschriften in den Medien-Märkten sind äußerst verschieden. im Herbst 2010 wurden 9.000 Personen in Deutschland, Großbritannien, Frankreich, USA und Japan zu ihrer Mediennutzung befragt. Das Fazit der Forscher: Die Vorliebe für die gedruckte Zeitung ist in Deutschland besonders und beständig ausgeprägt: Nahezu unverändert lesen 70% ihre Zeitung in gedruckter Form, 23% nutzen regelmäßig die Onlinevariante. Im internationalen Vergleich rangieren die Deutschen damit auf Platz zwei. Nur die Japaner greifen noch häufiger zum gedruckten Zeitungsexemplar (75%), so das Ergebnis der Deloitte-Studie „Media Democracy 2011".

Die Deutschen sind also den Printmedien treuer als Leser anderer Länder. Klaus Böhm, Direktor Media bei Deloitte, erklärt das so: „Die Deutschen sind lokal und regional stark verwurzelt. Das ist einer der Gründe für die weite Verbreitung der Lokalzeitungen bei uns. Lokale Print-Marken weisen eine große Strahlkraft aus. Das macht sie attraktiv für die werbungtreibende Industrie. Die Wirkung dieser Marken läßt sich auch in Online- und Mobilekanäle transportieren."

Grafik 2: **Umfrage: Informationsquellen im lokalen und regionalen Raum**

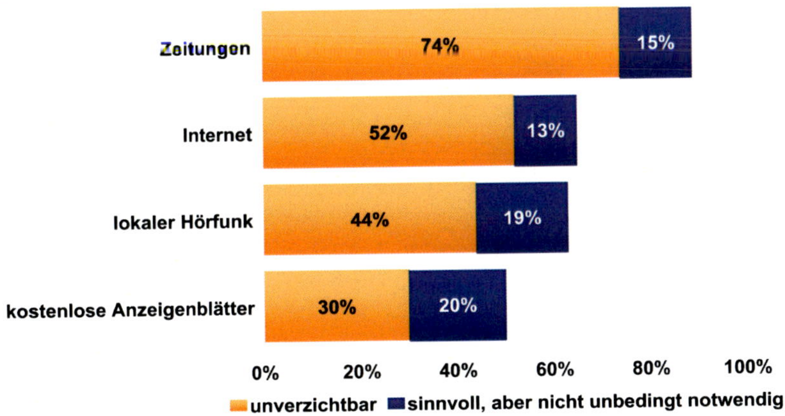

Basis: Bevölkerung ab 14 Jahren (Mehrfachnennungen möglich)
Quelle: ZMG Bevölkerungsumfrage 2010

Ist die „Gutenberg-Galaxie" am Ende?

So gibt es gute Gründe, das mögliche „Ende der Gutenberg-Galaxie" (N. Bolz) eher als Management-Herausforderung zu interpretieren. Wie auch bei viele anderen Branchen in einem niedergehenden Lebenszyklus zeigt sich jetzt für die Verleger: Gewinnen wird nur das bessere Management. In aufwärts strebenden Märkten kann jeder „sein Glück machen", wenn er nur schnell genug die Produktionskapazitäten erhöht. Die hohe Kunst des Managements ist aber der entscheidende Wettbewerbsfaktor in stagnierenden, niedergehenden oder Märkten in Transformationsphasen.

Und das gilt nicht nur auf der Ebene des Verlagsmanagement, sondern erst recht auf der Ebene des Redaktionsmanagements. Nur wenige Zeitungen nutzen gerade in Redaktionen moderne Formen des Managements: Von den drei Gewinnhebeln – Absatzmenge, Preis, Kosten – sind noch längst nicht alle am richtigen Punkt angesetzt. Themen wie Prozeß-, Effizienz- und Qualitätsoptimierungen, Informationsmanagement im Bereich Kosten oder crossmediale Dialogführung, Mehrfachnutzung des Anzeigenkunden-

und Leserpotentials in Bereich Absatzmenge oder z.B. eine gezielte Kontrahierungspolitik nach Deckungsbeitragsquellen im Bereich Preis werden gerade in mittleren Verlagen zu wenig diskutiert. Auch auf der Ebene des Print-Produktes mit seinen Dimensionen „Look & Feel“ und „Content“ gibt es brachliegendes Potential. Hier entscheiden sich letztlich der Markenwert und die Positionierung im Leser- und damit auch im Anzeigenmarkt.

Das Printprodukt als Hebel auch in den digitalen Märkten zu sehen, ergibt sich noch aus einem anderen Befund: Verlage unter den Bedingungen der Digitalisierung müssen Strategien entwickeln, wie sie einerseits ihre Werbeeinahmen erhöhen und andererseits den Anteil der bezahlten Inhalte (Paid Content) steigern. Für letzteres haben bisher nur wenige eine Lösung gefunden: Aber das Beispiel der Fachzeitschriften verdeutlicht, daß durch Digitalisierung das Angebot und den Kundenkreis deutlich erhöht werden kann.

Nachdem das WALL STREET JOURNAL erste Erfolge vorgelegt hat, versucht sich auch die NEW YORK TIMES im Paid Content. Das Abo-Angebot soll dem kriselnden Medienhaus eine neue Umatzquelle erschließen. So wurde die NYT online auf „paid“ umgestellt und hat innerhalb von drei Wochen mehr als 100.000 Abonnenten im Internet gewonnen. Die NYT hat eine gedruckte Auflage von knapp 900.000 Exemplaren; die Website der Zeitung hat im Monat rund 45 Millionen Nutzer. Seit März kassiert die NYT jetzt für die Nutzung ihrer Website und ihrer Anwendungen („Apps“) für elektronische Geräte wie Mobiltelefon oder iPad. Die Digitalabos kosten zwischen 15 und 35 Dollar für vier Wochen. Dabei hat die Zeitung ein Mischmodell gewählt: Auf der Website sind 20 Klicks pro Monat frei, danach wird der Nutzer aufgefordert zu abonnieren.

Wie die gesamte Zeitungsbranche leidet die NEW YORK TIMES unter schwindender Auflage, verzeichnet aber zugleich starke Zuwächse im Geschäft mit Online-Werbung. Die Einführung wird von Zeitungshäusern weltweit mit Spannung beobachtet. Sollte die NEW YORK TIMES Erfolg haben, könnte ihr Modell Nachfolger finden.

II. Das „crossmediales Medienhaus" als einziger Ausweg?

Viele Studien über die Zukunft des Verlagsgeschäfts kommen zu dem Schluß, daß der Verlag der Zukunft nur als crossmediales Medienhaus überleben kann, indem vernetzte zielgruppenorientierte Angebote über alle Kanäle angeboten werden und in den einzelnen Kanälen den Nutzererwartungen entsprechende, differenzierte Qualität geboten wird.

Aber: Durch vernetzten Content wird zwar Aufmerksamkeit gewonnen, aber mit hohem Aufwand: Beim SPIEGEL werden inzwischen 95% aller Inhalte für die Website erstellt. Das treibt die Kosten. Und Kunden sind bislang nur begrenz bereit, für Web-Content zu zahlen. So ist die Lage ernüchternd bei den Gewinnhebeln Absatzmenge, Preis, Kosten: Crossmedia ist derzeit Kostentreiber und erhöht nur selten die Absatzmenge in den Anzeigen- oder Lesermärkten. Die meisten Nutzer sind nicht bereit, für tagesaktuelle Nachrichten im Internet zu zahlen, wenn diese sich nicht erheblich in Qualität und Nutzwert vom Gratis-Standard unterscheiden.

Immerhin: Entgegen Unkenrufen der letzten Jahre erzielen Verlagshäuser zumindest in den Werbemärkten wieder Zuwächse. Immer mehr Zeitschriftenverlage bieten ihren Werbekunden Kampagnen über mehrere Medien als Gesamtpaket: Stichwort crossmediale Kampagnen mit hoher Zielgruppen-Genauigkeit.

Traditionelle Produkt- und Unternehmensstrategien

Entsprechend wird auch immer deutlicher, daß Verlagshäuser sehr wohl mit ihren digitalen Inhalten Einnahmen generieren können. Daß der Anteil der Einnahmen durch Paid Content an den Gesamteinnahmen der Verlage im Jahr 2011 zumeist noch klein ist (nach Schätzungen in der Regel unter 1%), liegt jedoch eher an den starken Ertragsfronten Anzeigen und Events. Die Empirie zeigt aber, daß es für gut recherchierte exklusive Hintergrundinformationen bei den Lesern Zahlungsbereitschaft gibt. Entsprechend bringen die Verlage umfangreich recherchierte Hintergrunddossiers, Berichte zu Spezialthemen oder Fachliteratur in digitaler Form heute bereits kostenpflichtig an den Leser – sei es per Abonnement oder über eine Gebühr für den einzelnen Inhalt (Pay per View). Allerdings muß der Verlag erst einmal in seine Marke investieren, um als Qualitätsmarke erkannt zu werden.

Dennoch: Im Bereich Produkt- und Unternehmensstrategie sind traditionelle Antworten auf die gesättigten Märkte vorherrschend: Fusionen, kleinere Verlage werden aufgekauft, weniger Titel, Verlage setzten eher auf Kosteneinsparung als auf Erlössteigerung. Häufig wird versucht, die Zeitung 1.0 durch weitere Regionalisierung zu retten – euphemistisch wird das mitunter als Expansionsstrategie bezeichnet, wenn immer mehr „Bezirksjournale“ oder Lokalteile oder -ausgaben in den Überregionalen erscheinen.

Die großen Verlage expandieren nicht nur in die „Fläche“, sondern um die „Kugel“: Strategische Ziele sind hier Marktführerschaft in nationalen Märkten, Internationalisierung und Digitalisierung des Kerngeschäfts – so z. B. der Axel-Springer-Verlag, der auf die Kostenführerschaft durch „economy of scale“ setzt.

Im Bereich Produktion gibt es nur bescheidene Ansätze zur Verbesserung der Wettbewerbsposition. Meistens geht es um cost cutting: Verknüpfung unterschiedlicher Medienformen (Cross Media) mittels plattformunabhängige Content-Produktion. Newsdesk ist hier das wichtigstes Zauberwort – also: effiziente Kanalisation der über viele Kanäle eingehenden Informationen, um kostenintensive Redundanzen zu vermeiden und die Wertschöpfung zu erhöhen.

III. Redaktionsmarketing als Wettbewerbsfaktor in Lesermärkten

Es läßt sich also festhalten: Der wirtschaftliche Druck auf die Tageszeitungen wird immer stärker. Schon heute erreichen Tageszeitungen breite Leserschichten nicht mehr, weil sie in der entscheidenden Phase der 90er Jahre zu wenig für die eigene Markenbildung getan haben. Traditionelle Marktstrategien und Unternehmensentwicklungskonzepte überwiegen. In diesem Zusammenhang kann Redaktionsmarketing zum zentralen Faktor im Wettbewerb werden.

Redaktionsmarketing ist die Ausrichtung des „Blattes“ an den Bedürfnissen, Interessen und Nutzen des Lesers, nicht aber am Werbekunden. Möglichkeiten dazu sind z. B. lokale Profilierung, mehr Analyse- und Hintergrundbericht, mehr Service, mehr Themen, Fokus der gesamten Berichterstattung, Exklusivität usw.

Aber nur in wenigen Fällen sind in Deutschland Redaktionen in den Marketing-Prozeß mit einbezogen. Häufig besteht die Angst, daß die Ausrichtung der redaktionellen Inhalte am "niedrigen" Leserbedürfnis die Folge wäre. Das Gegenteil wäre der Fall: die bewußte Steuerung der Positionierung und Leistungen in der Produkt-Dimension„Content“. Gerade letzteres ist nach wie vor ein Sanktuarium: Die Marktorientierung der Berichterstattung als Teil journalistischer Qualitätssicherung wird nach „Bauchgefühl“ gemanagt: Aber es gibt zu wenig Journalisten und Verleger, deren Bauch und Gespür ausreichend Garant für publizistischen und damit kommerziellen Erfolg sind.

Nur was gemessen wird, läßt sich managen

Die Medien-Inhaltsanalyse ist ein Mittel für das Redaktionsmarketing mit den Mitteln des Content. Die Medien-Inhaltsanalyse ist eine quantitative und qualitative, interpersonale und damit objektive Methode, um die äußere Form und den Inhalt von Texten, Radio- und Fernsehsendungen zu analysieren. Faktoren der Content-Dimension einer Zeitung wie

- Themenauswahl (Anzahl Artikel bzw. Darstellungen im Verhältnis zu anderen Themen)
- Zitierungen in anderen Zeitungen (Exklusivität der Berichterstattung)
- Tonalität der Berichterstattung (Ausgewogenheit vs. Tendenz)
- Fokus der Berichterstattung in den Rubriken (z. B. Zufallsverteilung vs. klare Zielgruppen-Positionierung)
- Gewichtung von Themen, Unternehmen, Politiker, Parteien usw.

lassen sich mit der Medien-Inhaltsanalyse messen. Damit lassen sich strategische Optionen für Redaktionsmarketing als Alternative zum „Bauchgefühl" und müßiger Diskussionen zur „Blattlinie" entwickeln: Nutzwertigkeit, Investigations-Grad, thematische und qualitative Positionierung/Differenzierung des Produkts und der Marke im Lesermarkt lassen sich messen, also managen.

Gerade im heutigen Lesermarkt ist die Positionierung von hoher Bedeutung. Auch in diesem Markt herrscht immer bessere Vergleichbarkeit: Heute muß man kein Viel-Leser sein, um die Unterschiede der Berichterstattung intuitiv zu erkennen. Immer mehr Menschen gehen über mobile Endgeräte ins Netz und nutzen Applikationen, die ihnen das Switchen zwischen den Medienmarken erheblich erleichtern. So wird jeder Nutzer in kürzester Zeit zu einem Nutzer mehrer Medienmarken. Jede Marke an nur mehr Sekunden Zeit, um des Lesers Aufmerksamkeit zu gewinnen – der „Kampf um den Kiosk" in verschärfter Form.

Das Beispiel FAZ

Die Positionierung eines Mediums drückt sich nicht zuletzt in der Zitierung durch andere Medien aus: Zu welchen Themen leistet meine Redaktion exklusive Informationen? Damit läßt sich gerade auch in anderen Zeitschriften und Zeitungen die eigene Marke positionieren. Das läßt sich messen und dadurch managen.

Grafik 3: **Zitierung der FAZ und verkaufte Auflage, 2000-2011**

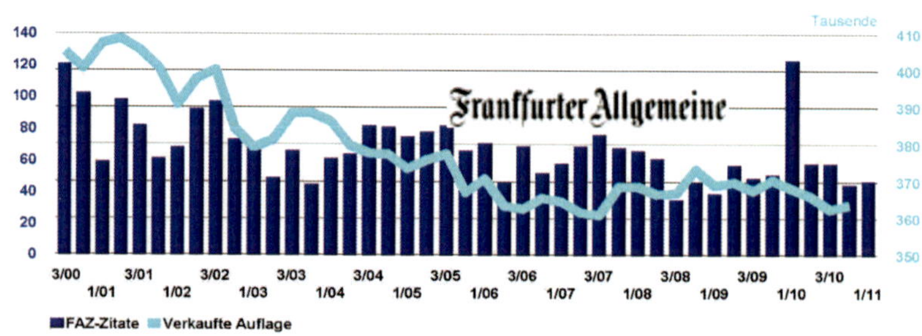

Basis: 2.568 Zitate der FAZ in 12 Meinungsführermedien

Die Anzahl der Zitate in anderen Zeitungen, die sich auf ein anderes Medium beziehen, gibt Auskunft über die Qualität der journalistischen Marke sowie der Positionierung im Spiegel anderen Medien und damit z. B. auch gegenüber Nicht-Lesern.

Die FAZ verlor in den letzten Jahren – wie andere Zeitungen auch – an Auflage. Im Gegensatz zu anderen Zeitungen hingegen verlor die FAZ auch in den Augen ihrer Kollegen an Relevanz: Die Anzahl der Zitierungen der von den FAZ-Redaktionen recherchierten Informationen ging in anderen Meinungsführer-Medien zurück.

Grafik 4: **Zitierung von FAZ und SÜDDEUTSCHER ZEITUNG im Vergleich, verkaufte Auflage, 2001-2010**

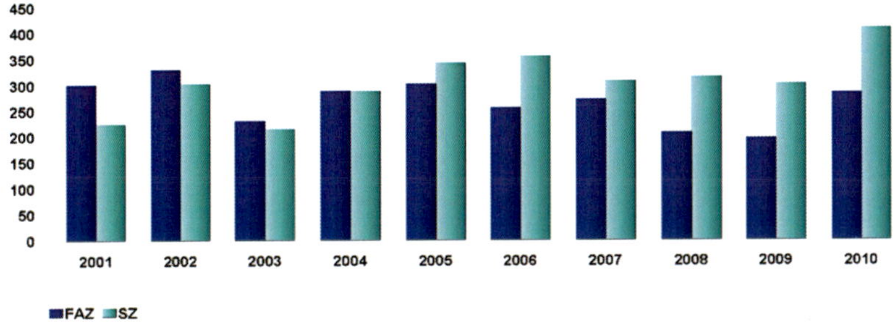

Dies wird besonders im Vergleich zu wesentlichen Konkurrenten deutlich – der SÜDDEUTSCHEN ZEITUNG. Im Vergleich zur FAZ gelang der SZ eine stärkere Differenzierung mittels der Exklusivität und der Bedeutung ihrer Inhalte. Die SZ ist seit 2005 für den Rezipienten anderer Meinungsführer-Medien wegen journalistischer Qualität und exklusiver Inhalte wesentlich sichtbarer als die FAZ.

Interessant ist hier auch die Rubriken-Ebene: Die Berichterstattung der Wirtschaftsredaktion verliert klar ihre Relevanz für andere Meinungsführer-Medien. Im Politik-Teil ist dieser Trend bisher nur leicht erkennbar. Das Flagschiff des rechten und liberalen Wirtschafts- und Bildungsbürgertums verliert zumindest in der Wirtschaftsberichterstattung an Relevanz für andere Meinungsführer-

Medien und ist damit auch für Nicht-Leser immer weniger sichtbar und als Qualitätsmarke erkennbar.

Grafik 4: **Zitierung der FAZ in den Politik- und Wirtschaftsteilen anderer Medien, 2000-2011**

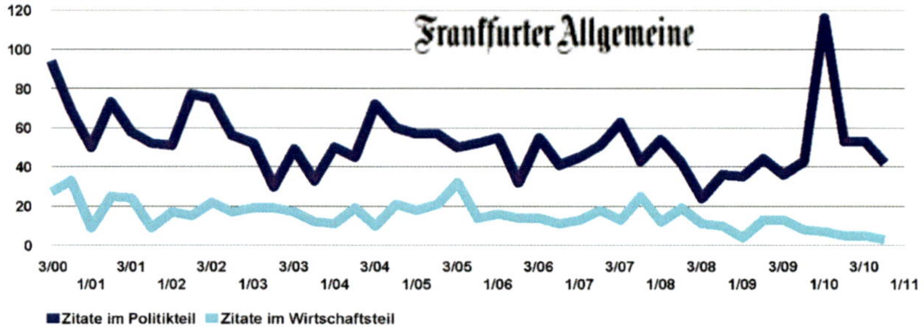

Wenn man die Berichterstattung der FAZ in der Rubrik Wirtschaft vergleicht mit der SZ, bieten sich Hinweise für eine Begründung an, die allerdings durch eine detaillierte Datenanalyse zu überprüfen wäre. Vergleicht man z.B. Themen und die Zitierung von SZ und FAZ in anderen Medien, wird deutlich, daß die SZ – noch viel stärker als selbst das HANDELSBLATT – bei Fragen der Positionierung von Unternehmen in der Öffentlichkeit in anderen Meinungsführer-Medien zitiert wird. Der SZ scheint hier das Unternehmen als Akteur in der Öffentlichkeit besonders wichtig zu sein.

Grafik 5: **Zitierung der FAZ zu Unternehmensthemen**

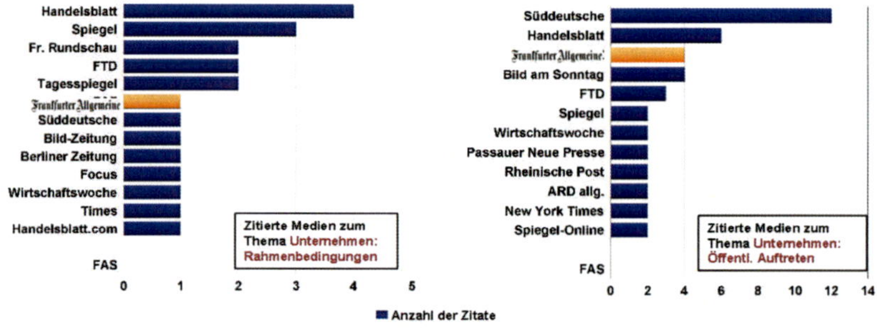

Was weiter auffällt: Selbst die regionale Tageszeitung TAGESSPIEGEL schafft wesentlich mehr Exklusiv-Informationen über die Rahmen-Bedingungen von Unternehmen als die FAZ.

Grafik 5: **Zitierung der FAZ zu verschiedenen Branchen**

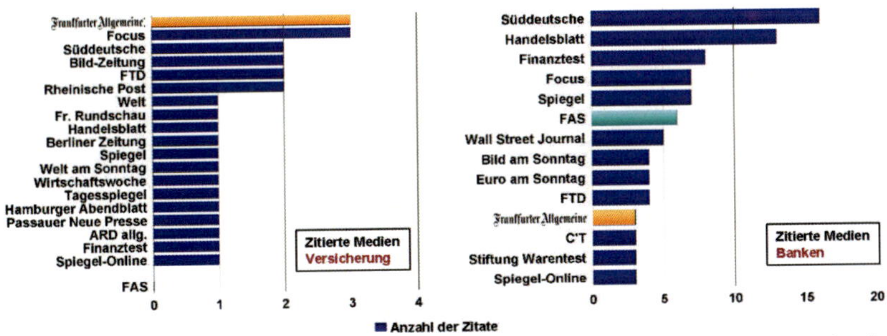

Basis: 27 Zitate zur Versicherungsbranche, 120 Zitate zur Bankenbranche in Bild, Focus, Spiegel, Bild am Sonntag, Capital, ManagerMagazin, TV-Nachrichten und –Magazinen und DLF

Die Branchen-Berichterstattung hat bei der FAZ eine gewisse Schlagseite. In der Berichterstattung zur Finanzindustrie überwiegt offensichtlich das investigative Interesse der Redaktion im Bereich Versicherungen. Das ist um so bemerkenswerter, da Banken seit der Finanzkrise extrem im Fokus der Medien stehen. Im Gegensatz zur SZ gelingt der FAZ hier keine Recherche und Berichterstattung exklusiver Informationen. Selbst die BILD AM SONNTAG bietet hier ihren Lesern mehr exklusive Informationen und damit mehr Zitate in anderen Medien. Pointiert könnte man sagen: Die BILD ist Lesern, die weder BILD noch FAZ lesen eher sichtbar als Quelle exklusiver Informationen als die FAZ.

Es ergibt sich allein aus diesem kleinen Ausschnitt der Medien-Inhaltsanalyse hier folgender „Anfangsverdacht“: Die FAZ verliert sukzessive entweder ihre Qualität in der Wirtschaftsberichterstattung oder die Redaktionslinie verschiebt sich zu Gunsten der „Politik“. Wenn letzteres die gewollte Positionierung wäre, dann wäre sie zumindest angesichts der Zitate-Rankings scheinbar erfolgreich. Allerdings sollte man sich dann z.B. fragen, ob dann andererseits der Fokus auf die Versicherungsindustrie und vermutlich noch auf andere einzelne Branchen noch sinnvoll oder gar willkürlich und damit dysfunktional im Sinne der Positionierungsstrategie ist.

Dieses kurze Beispiel soll illustrieren, wie mit den Mitteln der Medien-Inhaltsanalyse ein gezieltes Redaktionsmarketing möglich ist. In Verbindung z.B. mit einer Redaktions-Balanced-Scorecard läßt sich in einem zweiten Schritt die Positionierung und die Inhalte-Dimension der Zeitungsmarke weiter kontrolliert und meßbar ausbauen, indem man durch regelmäßige Ist-Soll-Vergleiche in Verbindung mit individuellen Zahlenzielen für die Redaktionen/Redakteure das Medium gezielt weiterentwickelt. Damit ist eine wesentlich deutlichere inhaltliche Differenzierung gegenüber den Wettbewerbern und auch gegenüber Online-Medien zu erreichen. Und so läßt sich auch die Unverwechselbarkeit der Marke sowie ihres einmaligen Nutzenversprechens gegenüber im Leser- und in Folge im Werbemarkt im wertsteigernd fruchtbar machen.

Qualität als Differenzierungsmerkmal einer Printmarke

Die Möglichkeiten der Differenzierung, Markenbildung und Positionierung einer Zeitung gegenüber den Mitbewerbern als auch gegenüber anderen Medien scheint also noch lange nicht ausgereizt. Lahor Jakrlin kommt im Schweizer Jahrbuch für Marketing 2011 zum Schluß: „Noch hat kein einziger Traditionsverleger eine Antwort auf die neuen Lesegewohnheiten.“ Wenn die klassische Qualitätszeitung überleben will, muß sie ihre Leistung nicht nur gegenüber anderen Zeitungen, sondern auch gegenüber dem Internet explizit machen. Und hier gilt es wie vor der Internet-Zeit: Nur starke Marken können über Wert verkaufen. Wenn der Wert der tagesaktuellen Information mittlerweile gegen Null geht, da sie überall im Netz tausendfach verfügbar ist, kann nur das Nutzenversprechen „redaktionellen Qualität“, also die „Lesermarkt-Produktpolitik“, die Marke stärken.

Es zeigt sich, daß mit üblichen Management-Methoden auch im Bereich der Printmedien noch genügend Potential besteht, so daß es keinen Grund für Pessimismus, sondern viele Optionen für die Zukunft gibt. Die Positionierung und Differenzierung läßt sich gezielt entwickeln, wenn man die Medien-Inhaltsanalyse als Ausgangpunkt für die Planung des Redaktionsmarketings nutzt. Faktoren wie Themenauswahl, Exklusivität, Tendenz, Fokus der Berichterstattung und Gewichtung von Themen lassen sich messen und damit managen. So kann die Wettbewerbsfähigkeit und der Markenwert von Printmedien gegenüber dem Internet und Konkurrenz-Produkten gezielt gesteigert werden.

Nachwort
von Peter Kabel

Unsere Gesellschaften befinden sich in einem fundamentalen Wandel. Das Bedürfnis nach Einmischung und der Wunsch nach aktiver Teilhabe sind erheblich gewachsen und die erwünschte Teilnahme an scheinbar, oder tatsächlich relevanten gesellschaftlichen Vorgängen ist so einfach und bequem wie nie zuvor. Wutbürger suchen und finden ihre Sprachrohre weltweit und selbst solche Menschen werden zu digital aktiven Influencern, die grade noch passiv zu sein schienen.

Die Informationen und Diskurse finden auf einer Vielzahl von Plattformen und technischen Systemen gleichzeitig und übergreifend statt, dabei spielen im aktuellen Entwicklungsstadium traditionelle Medien mit traditionellem Geschäftsmodel zweifelsohne noch immer eine bedeutende Rolle. Ergänzt allerdings durch die neuen digitalen Plattformen wie Facebook, Twitter und die vielen weniger prominenten, aber dennoch nicht weniger bedeutenden kleineren Angebote – gemeinsam stellen sie den Marktplatz der Aufmerksamkeit dar der sich in atemberaubender Geschwindigkeit entwickelt und dessen wachsende Komplexität auch für Experten schwer zu überschauen ist.

Auch die individuellen Akteure verändern sich darin noch kontinuierlich. Die Rolle professioneller Informanten, Journalisten und Publisher ist vor dem Hintergrund des erheblich gewachsenen Wettbewerbs um Aufmerksamkeit und der damit verbundenen, mittlerweile etablierten Gratis-Kultur neu zu definieren. Gleichzeitig bietet eine große Gruppe von Semiprofessionals und Laien insbesondere zu Fachthemen sehr gute Informationen und qualifizierte Meinungen an, die nach einer neuen Antwort auf die Frage rufen: Was zeichnet einen Experten aus? Was ist eine qualifizierte Meinung? Wie objektiv muß eine Meinung sein? Wie subjektiv kann eine Information sein? Und überhaupt: Wie verdienen Profis, oder Laien in den Medien künftig Geld?

Naturgemäß suchen alle Teilnehmer der Attention Economy in dieser frühen Phase nach einfachen Antworten:

Für viele (Medien-)Konsumenten scheint die Lösung des Informations- und Meinungs-Überfluß in der Reputation-Economy zu liegen. Wem die unüberschaubare Vielzahl an Informationen und Meinungen ungemütlich erscheint, der folgt einfach (nur noch) den Links, die seine Freunde bereits „geliked“ haben oder vorbereitet haben. Ein nicht unerheblicher Teil des Erfolgs von Facebook fußt genau auf diesem Phänomen und der wirklich beeindruckenden Fähigkeit Funktionen in Facebook bereitzustellen, die ebenso simpel wie effizient zu nutzen sind.

Will man einen Eindruck vom Wandel auf dem Marktplatz der Aufmerksamkeit erhalten ist es bedeutend sich die Dimension des Facebook-Erfolgs deutlich zu machen: Im Frühjahr 2011 loggen sich weltweit 650 Millionen Menschen innerhalb von 30 Tagen mindestens einmal in das System ein. In Europäischen Ländern erreicht Facebook eine Marktdurchdringung von durchschnittlich 25% quer über alle demographischen Segmente. Facebook-Nutzer verbringen wöchentlich mehr als 15 Stunden auf dieser Plattform und beschäftigen sich dabei mit den Statusmeldungen und insbesondere Empfehlungen und Links ihrer durchschnittlich 150 lockeren und festen Freunde. Der Leser dieser Zeilen ist ermutigt diese Zahlen mit jedem anderen homogenen medialen System zu vergleichen, die die Menschheit bislang hervorgebracht hat. Facebook ist dabei die größte Linkschleuder weltweit zu sein und damit Google und alle anderen Suchmaschinen als bedeutendste Quelle von Traffic auf verschiedensten Websites abzulösen. Auch Twitter ist in diesem Zusammenhang dabei zu einer echten Reichweitengröße zu werden, wenngleich auch das noch fehlende Geschäftsmodel von Twitter die Frage nach der Nachhaltigkeit dieses Informationssystems stellt.

Auch die professionellen Medien-Akteure suchen nach einfachen Antworten. Verschiedene Handlungsmuster sind zu beobachten von Verdrängen und Negieren – am liebsten natürlich durch den Einsatz von traditionellen statistischen Methoden wissenschaftlich untermauert – bis zur Suche nach einfachen Parametern. Dabei ist die Frage was einen Influencer zum Influencer macht, oder wer ein Superconnector ist und warum, noch weitgehend unerforscht. Viele der Anbieter von Scoring-Systemen und Analyse- und Monitoring-Software leisten mit ihren „Influencer Scores“ (Klout.com) und vergleichsweise primitiven Algorithmen (Sysomos) sicherlich einen wertvollen Beitrag sich der Antwort auf die Fragen zu nähern. Gleichzeitig aber muß den professionellen Kunden dieser Dienste empfohlen werden, den experimentellen Charakter derartiger Messungen nicht zu vergessen und vor allem eine eigenständige und experimentelle Kultur des Probierens im Unternehmen zu etablieren um in der Kombination der Findings daraus und den sicherlich immer weiter verbesserten Scoring-Modellen und Analyse- und Monitoring-Systemen ihren, vermutlich für noch einige Zeit provisorischen Learnings zu kommen und gleichzeitig die Fähigkeiten zur Public-Relations der neuen Generation zu erlagen.

Die Themen „Information Diffusion“ und „Social Contagion“ sind weit vor der Entwicklung des Internets und Social Media immer wieder Gegenstand wissenschaftlicher Untersuchungen insbesondere in den Disziplinen Soziologie und Psychologie geworden. Erst in jüngster Vergangenheit aber haben die Wissenschaftler mit Hilfe von Social Media und den dabei anfallenden Nutzerdaten-Ströme begonnen diese Phänomene zu auf quantitativ neuem Niveau zu fassen mit teilweise hoch-interessanten Ergebnissen, die vor allem aufzeigen, daß das Phänomen Influencer sich nicht vom jeweils relevanten Themenkreis abstrahieren läßt. Ein Influencer der Kaufentscheidungen im Bereich Musik durch seine Empfehlungen beeinflußt, zeichnet sich durch erheblich andere Eigenschaften aus, als ein Influencer, der Entscheidungen im Bereich politischer Meinung beeinflußt. Auch die Mittel mit Hilfe der Influencer derzeit erfolgreich Musik empfiehlt sind vollkommen verschieden von den Mitteln mit Hilfe ein anderer Influencer politische Einstellungen promotet. Erkennbar sind Infuencer auch in verschiedenen Altersgruppen und sozialen Segmenten erheblich unterschieden. Erheblich verschieden sind offenbar insbesondere die Altersgruppen. Die sog. Digital Natives zeigen ein wesentlich anderes Verhalten, als diejenigen für die digitale Kommunikationsformen erst später im Leben und der Sozialisation bedeutend wurden.

Ein noch weitgehend ungefaßter Aspekt ist die Geschwindigkeit und Nachhaltigkeit von Einflüssen. Klar ist, daß die Einfachheit mit der man derzeit eine Nachricht verbreiten kann und ein Link setzen kann verführerisch ist und zu einer geringeren Reflektion und qualitativen Filterung seitens Sendern und Empfängern führt. Die Folge ist eine geradezu unheimliche Verbreitungsgeschwindigkeit und -Breite und das Phänomen von Resonanzen, die häufig von den Mitmachern als Erfolg von den Außenstehenden eher kritisch betrachtet werden. Erkennbar ist aber auch, daß es Themenfelder gibt in denen trotz dieser ungeheuerlichen Geschwindigkeit eine Persistenz erreicht wird mit entsprechend meinungsbildenden Folgen in anderen Themenbereichen die Wallung zwar hoch, die Nachhaltigkeit aber sehr gering ist. In welchen Fällen das eine oder das andere zutrifft ist noch weitgehend unerforscht. Die Geschwindigkeit wird in den kommenden Monaten eher noch zunehmen, da das Internet erneut vor einem fundamentalen Wandel steht: Weg vom stationären Internet am PC und hin zum mobilen Internet auf Smartphones und Tablets. Durch das veränderte Nutzungsverhalten im mobilen Internet sind eine erhebliche Zunahme der Geschwindigkeit und eine weitere Abnahme vom Anspruch auf Seriosität und Fundiertheit zu erwarten.

Ein weiterer interessanter Aspekt ist der aktuelle Trend hin zu geschlossenen Systemen vs. den offenen generativen Systemen, die die vergangenen Jahre der Computer-Entwicklung geprägt haben. Websites und Blogs sind Ausprägungen offener Systeme die in ihrer Architektur jedem die Möglichkeit eröffneten zum Publisher seiner Inhalte und Meinungen zu werden. Die damit verbundene Dynamik hat das Internet geprägt wie wir es heute kennen. Das Pendel zwischen geschlossenen Systemen und offenen Systemen hat in der mittlerweile schon mehrere Jahrzehnte andauernden Geschichte der Digitalisierung und Computerisierung schon mehrfach in beide Richtungen ausgeschlagen. Immer wieder war der Reiz geschlossener System mit der verbundenen Sicherheit und Einfachheit groß und dann schlug das Pendel um zum offenen System und einer damit Verbundenen hohen Marktdynamik. Es scheint fast eine Ironie der Geschichte, daß ausgerechnet am Peak der offenen Systeme (Blogosphäre usw.) ein Anbieter wie Facebook mit einem ausgesprochen hermetischen und intransparenten System das Internet erneut erheblich verändert und die Folgen für die Medien- und Meinungslandschaft noch nicht absehbar sind. Dabei muß gesagt werden, daß auch Apple und Google, die beiden anderen Walled-Garden-Systemanbieter, bedeutende Treiber dieser Tendenz zum einfach zu bedienenden, sicheren aber gleichzeitig intransparenten System voran treiben. Dabei geht es nicht nur um ein abstraktes Phänomen der offenen und transparenten Meinung, sondern um handfeste wirtschaftliche Entwicklungen. Hinter jedem dieser geschlossenen Systeme steckt ein immer feiner ausdifferenziertes hochkomplexes System von Nutzerdaten-Aggregation, das die wirtschaftlichen Bedingungen sehr zu ungunsten der bisher praktizierten Werbefinanzierten Geschäftsmodelle verändert.

Vor dem Hintergrund der hier angerissenen Entwicklungen scheint es bedeutend, daß wir alle gesellschaftlichen Kräfte in einen kritischen aber auch informierten Diskurs zu den gesellschaftlichen Folgen der Digitalisierung eintreten. Ausgangspunkt: Nichts bliebt so wie es ist! Die Veränderungen sind fundamentaler, als wir vielleicht glauben mögen. Die Veränderungen sind nicht aufzuhalten und stellen sämtliche Institutionen und Individuen vor weitaus größere Herausforderungen, als uns vielleicht lieb sein mag. Gesellschaftlich stehen wir vor Weichenstellungen angesichts derer wir uns vom digitalen Zwang gleichzeitig emanzipieren müssen, gleichzeitig aber auch aufmerksam nach den Chancen suchen müssen.

Als Institutionen und Personen im Wirtschaftsleben können wir die Herausforderungen nur meistern, wenn wir offen für Experimente sind und uns nicht durch vorschnelle Schlüsse und Simplifizierungen die Zukunft verbauen.

Autoren

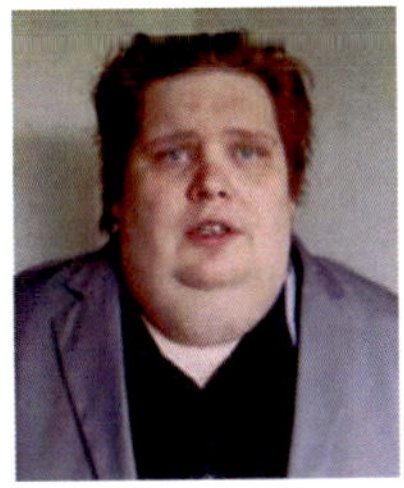

Mikael Erola (Jahrgang 1975) studierte Politikwissenschaft, Kommunikations- und Medienwissenschaft sowie Volkswirtschaftslehre an den Universitäten Leipzig, München und Turku (Finnland). Erola arbeitete 1999-2008 für die Internet-Abteilung von Media Tenor, zuletzt als Senior Analyst Internet. Seit 2008 ist er selbständiger Medienberater in Bonn und spezialisiert sich auf User Generated Content und andere nicht-redaktionelle Online-Inhalte.

Dr. Fritz Goergen

Strategische Kommunikation und Kommunikationsstrategien zählen ebenso wie Ghostwriting und Coaching zum aktuellen Angebot des promovierten Historikers für Führungspersonen in Gesellschaft, Wirtschaft, Medien und Politik – wie deren Nachwuchs.

Goergen kennt die Politik und das öffentliche Leben so genau wie nur wenige. Er war Assistent von Walter Scheel, Referent von Hans Friderichs, Bundesgeschäftsführer bei Hans-Dietrich Genscher. Bildungspolitischer Journalist, Bürochef des Staatsministers Karl Moersch im Auswärtigen Amt sind andere Stationen seines Berufslebens. Die Führung der Friedrich-Naumann-Stiftung übernahmen 1982 Ralf Dahrendorf als Vorstandsvorsitzender und Fritz Goergen als Chef der Geschäftsführung (für 13 Jahre). Dem Präsidium der FDP gehörte er 20 Jahre als ständiger Gast an. Als Mitglied der FDP-Programm-Kommission schrieb er die „Wiesbadener Grundsätze“ maßgeblich mit.

Dann machte Goergen sich als Strategieberater, Redner und Publizist selbständig. Über die Zukunft der Arbeit und die Arbeit der Zukunft verfaßte er das Buch „Jede Masse Klasse. Im Jahr 2000 leitete Goergen den spektakulär erfolgreichen Landtagswahlkampf (von 4,0 auf 9,8 Prozent FDP) Jürgen Möllemanns in Nordrhein-Westfalen. Im Bundestagswahlkampf 2002 beriet er Guido Westerwelle. Nach der Wahl trat er aus Westerwelles Partei aus. 2004 erschien sein Buch über die FDP, das Rezensenten als eines über das deutsche Parteiensystem insgesamt interpretierten.

Dr. Peter Haric, Jahrgang 1968, Ausbildung zum Wirtschaftsredakteur (Verlagsgruppe Handelsblatt), danach Management und Consultant in Verlagen und Agenturen. Schwerpunkt: Marktorientiertes Management in Creative Industries sowie Wertschöpfung durch Unternehmenskommunikation und Marketing

Prof. Peter Kabel, geboren am 29.7.1962 in Stuttgart, ist Gründer mehrerer erfolgreicher Firmen im Bereich Medien, Technologie und Design.

Unter anderem Büro Hamburg GmbH (1991), Trendbüro Hamburg GmbH (1993), Tone Consultants GmbH (2001) und Kabel New Media AG (1992), die er zu einem der international bedeutendsten börsennotierten Dienstleister für E-Business Themen entwickelte.

Mit in der Spitze über 1.200 Mitarbeitern geriet das Unternehmen in den Strudel des Niedergangs der Märkte und war gezwungen Insolvenz zu beantragen.

Von 2004 bis 2007 Vorstand der Jung von Matt AG einer der einflussreichsten Werbeagenturen im Deutschsprachigen Raum

Seit 2007 Portfoliomanagement der Lakshmi GmbH einer Private-Equity und VC-Firma in Hamburg und Berater für internationale Unternehmen im Bereich Internet und Social Media.

Peter Kabel lehrt seit 1996 an der Hochschule für angewandte Wissenschaften, Hamburg. Er ist Träger vieler Preise und Awards für Innovation und Kreativität. Darunter auch die Auszeichnung „Entrepreneur of the Year 2001" den Ernst&Young und die Deutsche Börse AG verleihen.

Roland Schatz, geboren 1965 in Bielefeld; in 5. Generation Journalist. Studium der Philosophie, Wirtschaftswissenschaften, Geschichte und Politikwissenschaften in Fribourg (CH) und Bonn; journalistische Ausbildung bei Braunschweiger Zeitung, epd und Freiburger Nachrichten.

1985 Gründung des InnoVatio Verlages mit den Spezialgebieten Unternehmensentwicklung, Medienanalysen, Kulturmanagement und angewandte Bildung.

1993 Entwicklung und Leitung des verlagseigenen Forschungsinstitutes Media Tenor (Büros in Beirut, Boston, London, New York, Pretoria, Windhoek, Tianjin und Zürich, 140 Mitarbeiter).

1996 Trustee Deutschland der Education Africa Foundation, Johannesburg.

Lehrbeauftragter für angewandte Kommunikationswissenschaften und Strategisches Informationsmanagement und Researcher am Center for Public Scholarship an der Emory Universität Atlanta.

Herausgeber des Annual Dialogue Reports on Religion and Values sowie des Global Peace Reports.

Seit 2008 auf Einladung des Präsidenten von Portugal, Jorge Sampaio zum Global Media Expert der UN Allianz of Civilizations, New York ernannt.

2009 gemeinsam mit Prinz Ghazi von Jordanien Gründung der C1 World Dialogue Foundation in Basel.

2010 Eröffnung des Global Media Impact Center in Boston.

1985 **INNOVATIO** Chancen für Wirtschaft & Kultur 2010

Mitte der 80er Jahre wurde deutlich, daß weder Politik, Wirtschaft, Wissenschaft noch Kultur für sich allein Lösungen für nachhaltiges Wachstum haben. Das Konzept des „runden" Tisches entstand 1985 in der Schweiz, bevor mit dem Fall der Mauer daraus ein Politik-Konzept wurde.

In Fribourg bot InnoVatio nicht nur als Verlag Autoren eine Plattform für diesen Multi-Stakeholder-Gedanken, sondern mit den Zukunfts-Werkstätten Managern eine geistige Heimat: Private Hochschul-Konzepte für Flensburg, Koblenz, Karvina oder Witten wurden diskutiert und weiter entwickelt. Die Technologieparks in Dresden oder Ostrava entstanden. Die Kulturmanagement Akademie für das Schleswig-Holstein Musik-Festival öffnete ihre Türen.

Zwischen 1987 und 1990 nutzte der Verlag dank seiner Schweizer Herkunft Möglichkeiten zur Unterstützung Anders-Denkender in der DDR, der Tschechoslowakei und Ungarn, die von West-Deutschland aus unmöglich gewesen wären.

Nach dem Fall der Mauer wurde die Bedeutung der Medien und ihrer Informationsvermittlung immer relevanter. Entsprechend entstand gemeinsam mit dem Institut für Demoskopie in Allensbach und Wissenschaftlern der Universitäten in Mainz, Dresden und München das verlagseigene Medienforschungsinstitut Media Tenor. Zunächst nur für Deutschland, ab 1996 dann international, werden kontinuierliche Daten zum Medieneinfluß auf Wähler-Voten, Konsumenten-Entscheide, Aktienkurse oder Urlaubsverhalten erhoben und öffentlich zugänglich gemacht.

Die Terror-Anschläge von New York und Washington führten zu einem weiteren Schwerpunkt für den Verlag: Gemeinsam mit dem World Economic Forum und später dann mit Prinz Ghazi von Jordanien entstand in Basel die C1 World Dialogue Foundation, die die Bereitschaft der Menschen in den verschiedenen Kontinenten zum Dialog miteinander erfaßt und anhand konkreter Projekte Schulen, Universitäten und Medien mit Dokumentationen versorgt, um in Lehre, Forschung und Vermittlung Stereotype zu überwinden.

MEDIA TENOR
Beirut Boston London New York Ostrava Pretoria St. Petersburg Tianjin Windhoek Zurich

MEDIA TENOR wurde im Jahr 2003 durch namhafte Wissenschaftler gegründet, die nicht nur im Bereich der Kommunikationswissenschaften wichtige Beiträge zum Fortschritt der Medien-Wirkungs-Forschung geleistet haben: Elisabeth Noelle-Neumann, Peter Glotz, Hans Mathias Kepplinger, Wolfgang Donsbach und Hartmut Schiedermair. MEDIA TENOR war das erste Forschungsinstitut, daß es sich zur Aufgabe gemacht hat, die Meinungsführer-Medien kontinuierlich und zu 100% auszuwerten. Nur durch diesen Ansatz kann MEDIA TENOR die Aufmerksamkeitsschwelle für Themen und Akteure messen. Im Zuge seines internationalen Wachstums arbeitet MEDIA TENOR mit Universitäten, NGOs, Regierungen, Medien und Unternehmen in Amerika, Afrika, Asien und Europa.

Als strategischer Partner hilft MEDIA TENOR, die Leistung von Medien anhand von konkreten Daten transparent zu machen, Themenkompetenzen zu erkennen und Wirkungsmechanismen zu untersuchen. Die Partnerschaft mit MEDIA TENOR versetzt Organisationen in die Lage, ihre Botschaften effektiv zu ihren Zielgruppen zu kommunizieren – und damit Werbekosten zu reduzieren und den Wert der Öffentlichkeitsarbeit und externen Kommunikation zu verbessern.

Heute ist MEDIA TENOR das führende Forschungsinstitut auf dem Feld der angewandten Agenda-Setting-Forschung und unterstützt Partner aus Wissenschaft, Politik und Wirtschaft weltweit mit strategischen Medienanalysen. Einmal im Jahr treffen sich Experten und Praktiker aus Medienwelt, Wissenschaft, von Regierungen und Nichtregierungsorganisationen auf der Internationalen Agenda-Setting-Konferenz, um sich über die neuesten Trends und Fortschritte auf dem Feld der angewandten Medienwirkungsforschung auszutauschen.

Weil MEDIA TENOR jeden einzelnen Beitrag in den meinungsführenden TV-, Print- und Online-Medien auswertet, können die Kunden und Partner von MEDIA TENOR zuverlässig einschätzen, welchen Beitrag ihre Kommunikationsaktivitäten zur Wahrnehmung und damit zur Gesamtentwicklung der Organisation geleistet haben. MEDIA TENOR versetzt sie in die Lage, eine aktive, strategische Medienpräsenz zu entwickeln und zu erhalten, die Glaubwürdigkeit und Ansehen unterstützt.

Die Datenbasis, die der Öffentlichkeit zugänglich ist, umfaßt mehr als 90 Millionen codierte Aussagen – und wächst von Tag zu Tag. Durch das Media Impact Center in Boston stehen diese Daten jetzt Wissenschaftlern aus aller Welt zur Verfügung.

www.mediatenor.com & www.agendasetting.com

1985 **INNOVATIO** 2010

Data Driven Solutions

Handelsblatt, 3.3.2010

„Mittlerweile sind knapp zwei Drittel der Deutschen nicht mehr von der Sozialen Marktwirtschaft überzeugt. Gleichzeitig sagen aber trotz Krise weiterhin nur 15 Prozent der Bevölkerung, dass es ihnen persönlich wirtschaftlich schlecht geht. Dieser eklatante Widerspruch liegt zum Teil an der negativ überzeichneten Berichterstattung der deutschen Massenmedien über die Welt der Wirtschaft. Der vorherrschende Moll-Ton liege vor allem daran, dass 2009 etwa allein mehr als 4 000 Berichte über den angeschlagenen Autobauer Opel erschienen seien, jedoch kaum Nachrichten über die vielen Hidden Champions, die dafür gesorgt haben, dass die Zahl der Arbeitsplätze trotz Jahrhundert-Krise nur minimal gesunken ist. Der Mittelstand biete zwar rund 80 Prozent der Jobs, sei aber nur in 16 Prozent der Medienberichte das Thema."